湛庐 CHEERS

与最聪明的人共同进化

HERE COMES EVERYBODY

什么是最好的父母

[日] 河合隼雄 著
张日昇 译

Q&A こころの子育て一誕生から思春期までの48章

北京联合出版公司
Beijing United Publishing Co.,Ltd.

用心育子，啐啄同时

河合隼雄先生是日本著名的临床心理学家，是家喻户晓的文化方家，是将“箱庭疗法”[①]引入日本并为之命名的第一人，同时也是我的心理督导老师。

我在 20 世纪 90 年代初开始接触河合隼雄先生的著作，有幸在 1996 年见过河合先生一次。正式与先生见面是在 1998 年 10 月 8 日，河合先生时任国际日本文化研究中心所长。经事先预约，我十分幸运地与河合先生进行了一个小时如同督导一样的谈

① 箱庭疗法（Sandspiel，Sandplay Therapy），国内也称沙盘游戏或沙游，是一种让来访者在治疗者的陪伴下从玩具架上自由挑选玩具，在盛有细沙的特制箱子里进行自我表现的心理疗法（张日昇，2006）。——译者注

话。河合先生在为拙著《箱庭疗法》所作的序言中记述了当时的场景："张日昇教授特意来见我是为了学习箱庭疗法，当时我们进行了相当长时间的交谈，张教授学习这一疗法并打算将其介绍到中国的热情给我留下了极深的印象，至今仍记忆犹新。"

在此之前，我在樱井素子老师的支持下，来到了河合先生曾经工作过的京都大学，跟随先生的继承者冈田康伸教授学习并获得了钻研"箱庭疗法"的宝贵体验。也正是因为这样的缘分，我才能在 1998 年将"箱庭疗法"正式引入中国。

自此之后，我跟河合先生一直保持着密切的联系。即使在 2002 年 1 月，也就是河合先生就任日本文化厅长官日理万机的日子里，先生仍然答应做我的心理督导并在我需要的时候安排时间接待我。我还曾应邀与时任中国心理学会理事长的张侃先生一起在 2003 年 9 月出席日本心理临床学会第 22 届大会，并与河合先生同台主持中日心理临床的国际讨论会。我也专门邀请河合先生访问过北京，河合先生参加了 2004 年在北京举办的国际心理学大会（ICP），并出席了我主持的研讨会。

2006 年 5 月，拙著《箱庭疗法》出版，河合先生欣然为书写序。6 月 16 日，当我带着新书向河合先生报告时，先生满面喜悦，在表达祝贺之时还挥毫赠言"日日是好日"，借这句云门文偃禅师的名句，祈愿箱庭疗法在中国今后的发展。先生还说，他将在 2007 年 1 月卸任文化厅长官一职，之后就有时间了，很愿意到中国来介绍和传播

“箱庭疗法”。遗憾的是，2006 年 8 月 17 日，先生因脑梗而倒下并一直处于昏迷状态。2007 年 7 月 19 日，河合先生去世，享年 79 岁。

就像我在给学生吴倩翻译的《心的处方笺》的推荐序中写的那样：“妨碍我们人生幸福的最大障碍，莫过于因我们身边的人去世而产生的丧失体验。没有任何心理准备地面对自己或亲人的死亡，可以说是我们人生最大的危机。由此必然带来哀伤，而哀伤一定要处理，这也是我的持论。”在我最后一次见到河合先生两个月之后，河合先生就病倒了，而在他住院昏迷期间，我连去看望和慰问的机会都没有。2007 年 9 月 30 日，我参加了在东京举行的盛大悼念活动。面对河合先生的遗影和塑像，我与冈田康伸先生在表达了哀伤的同时，决心要将先生关于“箱庭疗法”的遗志进行到底。

2017 年 10 月，受湛庐文化之托，我有幸为先生《心灵晴雨图》《共鸣的灵魂》《大人的友情》《心的栖止木》四本书写了推荐序。其间，我曾几度流泪，泪水很好地处理了我的哀伤。这次，又应湛庐文化之邀翻译这本书[①]，和之前的感觉相同，仿佛时空交错，我再次接过了河合先生手中的接力棒，将先生对心理咨询、自我认知及体悟、人生与幸福、友谊之精髓再加上养育孩子、用心育子等理念予以传承与播撒。想起与河合先生一年一度相见的默契约定不禁黯然神伤，但好在此书的翻译为我和先生之间架起一座心灵沟通的桥梁。如今双手捧起这几本书，翻阅着正在翻译的文稿，河合先生温柔清新、

① 本书日文书名直译应为“用心育子”，考虑到内容精髓主要是告诉我们如何成为最好的父母，故改译为“什么是最好的父母”。——译者注

宽广圆融之气便透过书香扑面而来。

我是怀着对河合先生的感恩、爱戴和思念之情翻译的这本书。在翻译过程中，虽然时而泪花闪烁，但是却哀伤全无，因为先生给我的是巨大的人生支撑和生命滋养。我标榜自己是河合先生的追随者，这种追随超越了国籍和文化的差异。他的心理临床理念，特别是他在送给我的书中写到的“心理临床的基本是倾听”，与我强调心理咨询要做到的“信敬静和”，已成为我心理咨询与治疗的座右铭。我所提出的“人文关怀，明心见性，以心传心，无为而化”“不分析、不解释”的箱庭疗法的精髓，以及“理性的澄清不能解决情绪问题”“陪伴、见证、欣赏、倾听”的心理咨询与“箱庭疗法”理念，正是对河合先生的心理临床思想的发展及发源于西方的心理咨询与治疗本土化的变通。我经常说，“箱庭疗法”是送给孩子最好的礼物，而我所倡导的“创造机会、体验挫折、表扬努力、享受过程”的养育理念，又是与给孩子的“箱庭疗法”心理临床应用中的核心概念高度契合的产物。

这本书是河合先生与记者兼编辑中村谦先生在达成出版一本简明易懂的子女养育之书的共识之后，特意以问答的形式，并以自由谈话为基础编辑而成的。因为是问答的形式，所以有人可能会期待这本书有着生儿育女指南那样清晰的答案，或许你会认为可以从先生的文中找到一些妙方或者指点、建议、诀窍等，那可能就错了。如同河合先生自己说的那样:“希望读者不要认为这本书是养育孩子的教科书，请轻松愉快地读一读，再轻松愉快地想一想就好了。虽然说养育孩子是非常重要的事，但也别因此而顽固死板、着急忙慌。希望父母自己先做到怀着悠然自在的心情养育孩子，我的这份心愿就凝聚在书中。”所以，我认为这些问答的价值在于没有说教，而是能够让人感同身受、频频点头并会自言自语上几句：“没错”“太有道理了”“的确如此”“原来是这样啊”…… 也就是说，河合先生虽然只是将他感悟到的养育之道娓娓道来，但又生动活泼且不失他独特的睿智和幽默。在物欲横流、急功近利的社会里，这本书或许能成为抚慰人们因养育儿女而心浮气躁的一贴清凉剂，让人们驻足思考，猛然回首或者内省自我。

河合先生在后记中提到的“自性实现”，也给我们敲响了警钟。在我看来，养育孩子是“过程论”而不是“结果论”。现在养育孩子的一个很大问题是“父亲的缺失”和“母亲的焦虑”，而“不要让孩子输在起跑线上”的口号，造就了一批性急、懒惰和不用心的父母。禅宗里有一个很有意思的词语叫“啐啄同时”，蛋里的小鸡小鸟在壳内的吮声谓之“啐”，母鸡母鸟为助其出而“啄”壳，只有“同时”发力，新的生命才可能诞生。我在教授学生心理咨询的时候，经常用“啐啄同时”来形容咨询师与来访者之间机缘相投的关系。只有拥有这样的关系，来访者问题的解决乃至新生才成为可能。而我觉得任何人际关系或许都需要这样的机缘相投才得以成立，当然亲子关系也需要“啐啄同时”般的两相吻合。所以，我在这里特别愿意分享“啐啄同时”这四字的禅语。与其关注像孩子的学习成绩这样冷冰冰的数字，不如为孩子做一次早饭或者默默地看着孩子或平行地陪着孩子做某件事。要求孩子做的事情自己首先要做到，特别要努力做到“言所行、行所言、言行一致”。希望父母们能够慢下来，多多用心去“陪伴、见证、欣赏”孩子的成长，也多多用心去“倾听”孩子的心声，以期理解“养育孩子就是自性实现”。

在翻译过程中，我的研究生姚璇琛做出了很大贡献，部分译稿也得到了吴倩的斟酌和校正。由于日语本身风格偏含蓄，本书内容又多为口述问答，加上河合先生在前言里也提到他在文中有一些自相矛盾或粗心大意的地方，还有他独特的日本关西腔等问题，导致文中难免有一些隐诲、跳跃之语。在翻译成中文的时候，尽管也做了相应的补译或意译，以尽量让语意保持完整和通顺，但还是觉得口语痕迹有些重，敬请广大读者谅解。这方面，湛庐文化的编辑给了我很多的修改建议，在此表达真诚的感谢！

在我翻译这本书的时候，如同记忆中一样，河合先生似乎一直是笑眯眯地看着我，看起来是拉着家常，而说的全都是养育儿女乃至感悟人生的秘籍。所以，我有自信将这本河合先生的力作推荐给各位读者！

少用脑子多用心，为我们的世界支撑晴空一片！

是为译者序！

張曙

2020 年 1 月 6 日于北京师范大学
发展心理研究院

你会成为什么样的父母

1997 年，日本神户发生了青少年连续伤人，甚至杀人的事件。此后，青少年犯罪案件不断出现，日本的父母们陷入了深深的不安之中。

于是，很多人开始向我咨询孩子的心理问题、子女养育问题等，讲座的邀请也是络绎不绝。虽然我很理解这种焦虑不安的心情，但如果对所有提问和邀请都一一回应的话，那我肯定是忙不过来的。面对各种各样的提问，我常回答说：“我写了很多书可供参考，很抱歉，就麻烦你去看看那些书吧。”没想到有人竟然说：“先生，您的书很难读……”这让我大吃一惊。因为我一直自诩自己的书很容易读，平白易懂。

但当我真正开始关注父母们关于“养育孩子”的烦恼以及咨询之后，就明白了为什么他们认为我的书“难读”了。而且我发现，即使是我们专业人士眼中微不足道的小事，也让很多父母感到焦虑不安，他们想要找人私下聊聊或者咨询一下专业人士，但却没有合适的对象，因此而烦恼不已。当今社会，核心家庭化急速地发展，原本地域社会中人们的联结也变得日益薄弱，这样就很难找到合适的倾诉对象了。

而且说到生儿育女的书，在时间划分上，几乎讲的都是从孩子出生到小学入学前的几年。可那之后的小学时期呢？还有令很多家长都感到头疼的初中和高中时期，即对青春期子女的教育呢？包含了从孩子出生到青春期教育的书，可以说几乎没有。

正当我想着必须做些什么的时候，《朝日新闻》的记者，当时也是《幼儿园妈妈》杂志的编辑中村谦先生带着一份出版策划找到我。我们对“养育孩子”的问题有着相同的认识，都感觉有必要出版一本简明易懂的养育儿女的书。就这样为了便于读者阅读理解，本书做成问答的形式，以我自由谈话为基础，辅以口语化的文笔再编辑成书。

我和中村谦先生，以及身为自由撰稿人的编辑市河纪子女士一起讨论和探究，两位再把我们讨论的内容编辑成本书。感谢两位编辑的辛苦工作，让这本书更通俗易懂了。

◇

因为是以问答的形式呈现，有人可能会期待本书像指南书一样给出明确的答案，可读过后，你就会发现，这本书并非是什么指南书。因为养育孩子根本不能按照指南来。有很多家长，就是照着指南书去养育孩子，结果事情反而越来越糟。因此，虽然说是问答的形式，但可能有读者会感觉回答跑题了，扩展到了与问题无关的地方。但是，这也恰恰是本书想达成的目标。

只要能够重视孩子的“个性”，就一定不会出现指南式的答案。与其寻找指南式的育儿方法，倒不如充分发挥父母的“个性”，并与孩子的“个性”碰撞。这一过程更为重要。当然，话虽如此，但养育孩子的过程中如果没有任何提示，只跟您说：“请随意去做就好。”恐怕也让人摸不着头脑。所以，我在此书中给各位父母提供了一些养育孩子的灵感和提示。请各位读者不要认为本书有“标准的”答案，而是在阅读的过程中，自由地发挥想象，找到属于自己独特的教育方法，这也是我心中最大的愿望。

◇

本书是沿着从出生到青春期的成长过程来进行问答和讨论的，但也并不是完全按照非常固定的阶段性写成的。因为人类心理的发展虽然从某种程度上说是阶段性的，但这一发展过程其实是像“之”字形一样波折变化的。有很多人不懂得这一点，经常感觉自己孩子的成长脱离了标准的轨迹，因此而感到焦虑不安。可能日本人中患这种“标准病”的还更多些。因此很多父母对孩子有些不必要的担心，或者会把孩子硬塞进标准的模子里去，从而破坏了孩子原本的个性。其实，我觉得有必要更宽松地看待、思考孩子的成长。

本书的章节是按照上述顺序来排列构成的，也许您从头开始读比较容易理解，但因为是问答形式，所以从自己在意的事情或关心的问题开始读也完全没有问题。

另外，读后您可能会发现，我基本上是在回答母亲提出的问题，但我也特别希望父亲们也能读一读。至于原因，我想您在阅读过程中自然就会明白的。

◇

很多日本的父母都热心于子女教育，但我感觉正因为他们太过热心，所以有时容易固执己见和钻牛角尖，结果让自己和孩子都陷入苦恼之中。

在莎士比亚的《罗密欧与朱丽叶》中，两位主人公死后，维罗纳亲王批判罗密欧与朱丽叶的父母“用爱扼杀了欢乐”[①]，这句话我很想送给日本那些过于热心教育的父母与老师。大人们认为自己是出于对

①《罗密欧与朱丽叶》原剧本中此句为“That heaven finds means to kill your joys with love”。——译者注

孩子的“爱”而拼了命地做了很多事，结果却把大人和孩子的欢乐全都扼杀了。关于这一点，我们真的需要好好地思考思考了。

因为中村先生和市河女士都是我过去的老相识，所以，我在他们面前可以轻松自如地说话交谈。但也正因如此，有时我在文中会出现一些自相矛盾、粗心大意的地方。但两位说这样才更显真实呢，于是，以上问题以及在文中出现的我的家乡话——关西腔，就都被保留了下来。希望读者不要认为这本书是养育孩子的教科书，请轻松愉快地读一读，再轻松愉快地想一想就好了。虽然说养育孩子是非常重要的事，但也别因此而顽固死板、着急忙慌。希望父母自己先做到怀着悠然自在的心情养育孩子，我的这份心愿就凝聚在书中。如果父母自己慌乱着急，却对孩子说什么“自由成长”，那可就真是滑稽之谈了。

在本书著成之际，衷心感谢中村谦先生和市河纪子女士对我的帮助。同时，在本书的印刷过程中，朝日新闻出版社书籍编辑部的小山惠子女士也提供了大力支持。在此向各位致以最诚挚的谢意。

希望本书能为那些因孩子的问题而烦恼的父母和老师提供一点帮助，这将是我最大的荣幸。

河合隼雄

1999 年 1 月

测一测　你知道面对养育困惑时该怎么做吗？

1. 如果你在某个时期，对养孩子这件事情产生了厌烦感，怎么办？

A. 身为父母，要给孩子极具安全感的爱，不能将厌烦感传递给孩子

B. 找一个信赖的人，好好聊聊这种心情

C. 给孩子找金牌保姆或者专业老师，分担自己的养育工作

2. 当孩子不认可你的付出时，你该怎么办？

A. 将自己做事的原因一一解释给孩子听

B. 主动询问孩子为什么不认可，让孩子给出建议

C. 多和孩子相处，认真观察孩子，了解孩子

3. 不知道为什么，孩子总和你唱反调，怎么办？

A. 不用特别应对，孩子只是想故意引起大人关注而已

B. 跟孩子严肃地聊一聊，制定家庭的规矩

C. 了解并接受反抗父母是孩子成长的必经过程

4. 究竟该将孩子培养成什么样的人呢？

A. 有知识、有能力、情商高、受欢迎的人

B. 社会地位高、事业成功的人

C. 能够活出自己人生的人

扫码下载“湛庐阅读”App，
搜索“什么是最好的父母”，
获取答案。

译者序　用心育子，啐啄同时 / I

前　言　你会成为什么样的父母 / VII

第一部分

远离“标准病”，做有个性的父母

01 明明现在条件更好了，为什么孩子的问题反而更多了？ / 002

02 孩子的养育不尽如人意，是母子关系导致的吗？ / 006

03 我能顺利地把孩子养好吗？
一想到这个问题就十分不安，怎么办？ / 010

04 为什么我总是忍不住对孩子唠叨呢？ / 013

05 好害怕做了“母亲”之后，我就不是“我”了，怎么办？ / 016

06 对孩子来说，现在的不良诱惑太多了。
我该怎么应对呀？ / 019

第二部分

学前期，用心储蓄亲子关系

07　对婴儿来说，什么是最重要的呢？ / 024

08　很讨厌养孩子怎么办？ / 028

09　为什么我觉得为孩子付出那么多，孩子却觉得我没做什么？ / 031

10　为什么我总是烦躁不安，总忍不住责骂孩子？ / 034

11　总忍不住唠叨孩子“快点”“不行”，怎么办？ / 038

12　孩子做的事总是不如我意，是教育方法不对吗？ / 042

13　当孩子不听话时，总忍不住想揍他，怎么办？ / 045

14　孩子经常发呆，我好担心啊，怎么办？ / 049

15　当孩子出现“压力信号”时，我该怎么办呢？ / 052

16　孩子特别爱撒娇，他以后能自立吗？ / 056

17　什么时候告诉孩子“世界上没有圣诞老人”比较好呢？ / 059

18　该怎么跟孩子谈“死亡”呢？ / 062

19　学前教育对孩子究竟是好，还是坏？ / 066

第 三 部 分

小学期，好父母守住悠然心境

20 都说“表扬孩子很重要”，可我不擅长，怎么办？ / 072

21 为什么孩子十岁了，又变得不愿意一个人睡觉了呢？ / 075

22 为什么孩子到了四年级，画的画变得乏味起来了？ / 079

23 为什么孩子想养动物呢？ / 083

24 什么时候让孩子有自己的房间比较好？ / 087

25 我不知道作为父亲该如何与孩子相处，怎么办？ / 091

26 孩子不去上学，到底是怎么了？ / 094

27 孩子在学校受欺负了，我该怎么应对呢？ / 098

28 “个性”“有个性地活着”到底是什么意思？ / 102

29 在孩子青春期之前，我应该事先做些什么？ / 106

第 四 部 分

青春期，接受孩子在对抗中独立

30 为什么孩子上中学后突然变得沉默寡言了？ / 112

31 为什么我怎么都接受不了孩子做的某些事？ / 116

32 我不想让孩子经历我当年的辛苦，为什么孩子就是不明白呢？ / 120

33 为什么孩子总和我唱反调？ / 123

34 当孩子烦恼的时候，我该做些什么呢？ / 127

35 孩子对我说“气爆了”“不关你事”，我该怎么回应？ / 131

36 跟青春期的孩子说话有什么秘诀吗？ / 134

37 对于校规有很多争论，那还有必要设立校规吗？ / 138

38 如果养育中真出了问题，该怎么办？ / 142

39 孩子现在成绩很好，将来一定能幸福吧？ / 146

40 为什么兴奋剂竟然流行到了中学生之间？ / 150

41 如今的孩子们看起来似乎都没什么烦恼，是这样吗？ / 154

42 为什么青春期更容易出现身心疾病？ / 158

第 五 部 分

成年早期，
在养育终点适时放手

43 孩子不听话，好像我们之间的纽带断了，怎么办？ / 164

44 为什么我一烦恼起来就困惑得什么结论都得不出来？ / 168

45 我和孩子总是起冲突，是我们相性不合吗？ / 172

46 养育孩子该以什么为目标呢？ / 175

47 倘若养育孩子有终点的话，那是什么时候呢？ / 179

48 为什么家人住在一起很重要呢？ / 183

后 记 “自性实现”与养育孩子 / 187

Q&A
こころの子育て
―誕生から思春期までの48章

第一部分

远离“标准病”，做有个性的父母

给孩子有树的风景。

对于孩子来说，与母亲的联结是他的世界里最重要的东西。

如果母亲与“大地”的联结太弱，孩子可能就很难充分体会到与母亲的一体感。

如果孩子没能充分体验这种感觉，之后就会出现很多问题。

01

明明现在条件更好了，为什么孩子的问题反而更多了？

因为大家都忘记用心了。

“物质丰富了，人生肯定会轻松。”日本人长期以来都这么想，所以才努力奋斗到现在。但其实并不是这样，物质丰富了，人生反倒是变得艰难了。为什么会这样呢？因为一旦物质丰富了，人在处理事情时就会简单地用物质来解决，而忘记用心了。也就是说，人们在这方面偷了个懒儿，所以如今在养育孩子方面就出现了非常多的问题。

物质丰富之后，生活变得十分便利，而生活便利了之后，人与人之间的关系反而变得越来越淡薄了。比如说买火车票吧，过去你得看着售票员的脸说：“买一张去京都的票。”可现在在自动售票机上按几下按钮，票就出来了。过去买东西想讨个便宜，得对售货员说些奉承话。可现在都去超市了，哪还有讨价还价这回事。换句话说，大家都太理所当然地以为：“节约了心灵的能量，生活变得方便，这不就是进步吗？”

话虽这么说，可光是感慨“物质太丰富了”“生活太便利了”也没有什么用。我们还必须找到物质丰富了之后的生活方式。“以前多好啊，我们都勤俭节约，过着朴实的生活”，这种话毫无意义。还不如考虑在物质如此丰富的时代该怎么养育孩子，该怎么做才能让孩子也能有个丰富的心灵。

过去，用心生活都用不着刻意去想。因为物质匮乏，为了填饱肚子就已经竭尽全力了，所以不知不觉就已经很用心了。父母总是为了能给孩子买点儿什么而努力着，孩子虽然也希望父母能给自己买点儿什么，可也忍着不跟父母开口。

所以在物质丰富的时代，要想让孩子体验到快乐，每个家庭都必须在控制欲望的方面下功夫，这就是所谓用心了。举个例子，假如家里规定了“我们家只在过生日时才能吃蛋糕”，就会让孩子对吃蛋糕这件事感到期待，不是吗？就算不是生日，只要一想到“几月几号就有蛋糕吃啦”也会很开心。只要父母能够用心，孩子就能体验到欢欣雀跃的感觉，这就是下功夫了。可要是每天都能吃到蛋糕的话，孩子就不会那么欢欣雀跃了。

买书也是如此。从前因为一下子买不起很多书，所以孩子就会拼命攒钱。在攒钱的过程中，孩子既懂得了节俭，也能想象买到书的快乐瞬间。在这个过程中，孩子其实一直都在用心，所以事情自然也就会很顺利。就算是父母想买书给孩子，可迫于经济压力，也不能说买就买。假如能跟孩子约好："那就等过年，用压岁钱买书吧！"这样的处理方法就很棒了。

但现在，只要孩子说我要，父母们基本就会买。如果父母想要用心的话，就需要想："买这本书对孩子来说真的是件好事吗？"假设，书总共有十卷的话，是一次性都买了好呢，还是一次只买一本好；是对孩子说"要等到过生日哟！"，让他等等看好呢，还是说"好嘞！"，立刻就买下来好；抑或是说"我们家不需要买那种东西！"为好，真的有非常多的选择。

其实真正有钱的人家传统上都是小气的，但我们日本人是暴发户啊，总是有各种各样想花钱的理由。因为曾经的泡沫经济时代使整个日本到处都发生着暴发户的悲剧。所以在经济不景气的当下，对于下功夫用心来说，说不定倒是个机会。

"去买最贵的！"即使你这么做了，孩子也不会欢欣雀跃。相比之下，有人为了刺激而去冒险，当然，那是不同层次的快感，尽管四个人一起冒险，也能体验到某种"一体感"[①]，但是这可能有害身心或

① 日语中的汉语词，"一体感"指某个群体或在场的人们的心情和想法都集中一致、化为一体的感觉，在汉语中没有对应的描述词汇，所以使用了日语原本的说法。在箱庭疗法中提到的是"母子一体性"，特指母亲与孩子心灵相通、融为一体的感觉。——译者注

置身危险中，甚至由此可能步入歧途。

在孩子的生命早期，“一体感”原本是在家里体验的。“不是这样的，我们家总是一起吃饭，孩子他爸也都按时回家”，即便这么说，如果父母没有用心的话，也不会让孩子感受到与家人的一体感，孩子也不会开心的。这样的家庭即使表面上看起来过得挺好，也会像用塑料做的，有些华而不实。这样一来，等孩子到了青春期，或许就会成为不良少年，甚至去做一些大人无法容忍的事情。但是，孩子这样做，其实也只是想要打碎这塑料一样的家庭吧！

我的回答和思考

02

孩子的养育不尽如人意，是母子关系导致的吗？

只是知道原因不能解决任何问题。

在育儿过程中，无论出现了什么问题，绝对不能只归结为单一的原因。

我经常对来访者说："你这不是育儿方法的问题。"我这样一说，大部分的父母反倒会坚持："不，我觉得就是育儿方法有问题！"于是我会反问："那你为什么会这么觉得呢？"

我并不想把什么事都归咎于父母，因为关键并不在于谁错了，而在于从今往后要怎么做。比起追究过去的原因，更需要考虑的是"现在开始可以做些什么"。生活中发生的任何事情，都不能仅从"原因、结果”中找到答案。对某个人说：“你就是问题的原因。”这样的话不能解决任何问题。尽管如此，大家还是热心于追究原因，并认为只要知道原因，一切问题就都解决了。但是仅靠“原因、结果”就能解出来的顶多也就只有理科的习题吧！光靠说“是你不好”“你给我好好反省”这样的话就可以了结的问题，根本就称不上是问题。任何事情的改变都需要考虑各种各样的因素，不仅是当事者本人，连他周围的一切也必须发生改变。所以，这并非易事。

我们必须考虑的是“从现在开始怎么做”，抱怨过去怎么不好是没有任何意义的。当然，要考虑今后怎么做，有时候也不得不在某种程度上考虑过去的事情。这时，我们并不是追究过去事情的责任，而是尝试从中找到改变的契机。怀着这种心态，反而更容易进行思考并促使我们找到解决问题的方法。

喜欢探究原因的人也许会说：“要是知道了原因，以后就能避免出问题了。”但其实这是不可能的。因为原因和结果，体现的是一个人的生活方式的固定模式。比如说，我发现，“我之所以这么失败，就是因为早上起得太晚，今后要起得早一些”，就算认识到这一点，结果早晨也根本起不来。就算勉强起来了，也肯定会因为心情不好而乱发脾气或者午后昏睡，最终从整体来看，这种状态没有发生任何改变。

一件事物要发生变化，与之相关的整个系统都必须随之变化；一个人改变，全家人也必须都一起改变。所以说，这是非常不容易的事。此时，“因为这就是原因，那么就把这个原因除掉吧”的思维方式，基本上没有任何用处。这种思维方式只对轻微问题起作用。在做心理咨询的时候，我建议用“对待孩子，如果能再稍微……一点儿的话就好了”的句式，对方立刻回答：“啊，我懂了！”一句话就能顺利解决问题。但这并不是我了不起，而是前来做心理咨询的人了不起。但这样的人，其实很少来。

所以，当问题发生的时候，不要去追究问题的原因，而是要从问题出发去思考自己想要怎么样生活。能去思考这个问题跟自己的生活方式间有什么样的关联就很好了。如果你不喜欢思考的话，也没关系。因为其实我们在日常的小事上并不会一一计较，而是常常念叨着“真傻啊，在干什么呢”之类的话就过去了。要是觉得没什么思考价值，丢开就好了；要是觉得有意思的话，就试着去想想。对一件事，我们可以用不同的方式来对待它。

不要一发生什么事马上就说：“都是妈妈不好！”“这都怪谁？”哪怕是母子之间。因为妈妈小时候和外婆的关系，以及再上一辈的母子关系，都会影响现在的母子关系。所以很有可能这种关系已经持续了三代，我们可以称之为“家族的命运”或者“家族的主旋律”。孩子背负着的正是这些累积的负担，同时也是某种倾向代代累积的结果。

通常情况下，每个人都会跟和自己不完全一样的人结婚，会觉得“不知怎么就是跟自己不太合，家风不一样”，虽然可能时不时吵吵闹闹的，但反倒不会出现极端倾向，也能顺利地调整家庭状况。但如果夫妻两人十分相似的话，就可能无法及时发现家庭矛盾并调整家庭状况，这样到了第三代，孩子就会很受苦。不可思议的是，如果家里有三个孩子，其中一个孩子会承受这一切，而另外两个就解脱了。

所以，当孩子出了问题时，整个家族也就到了必须跨越难关的时候了。这么想就对了。

我的
回答和思考

03

我能顺利地把孩子养好吗？一想到这个问题就十分不安，怎么办？

到底什么样的育儿方式好，其实我也不知道。

养孩子其实是很有意思的事。想要人生过得愉快的话，如果不“享受”一下养孩子这件事可就亏了。但是现在的各种信息太多了，“这个很危险”“那个很重要”的信息多得让人眼花缭乱。大家肯定都以为，“这些信息我知道得越多，养孩子就能越顺利！”可这么一来，谁也不敢说自己掌握了所有信息，所以就会很不安，会忍不住想：“这样做可以吗？”“还有别的方法吗？”其实，世上并不存在适用于所有孩子的“好方法”。

说实话，对于“怎样养育孩子”的难题，其实我也没有答案。所以我经常会说：“用自己喜欢的方式去养育就好。”

其实不只是在养育孩子方面，现在日本人整体都很不安，但这也是没有办法的事情。因为这世道的变化实在是太快了。

以前的日本人是为了“家”而活的。因为要守护我们共同的“家”，所以大家族里的每个人都能互相扶持。否则就根本活不下去，甚至整个家族都会覆没。在这样的情况下，当面对孩子时，大家就会想：“这孩子要是长不成能独当一面的大人的话，那可就麻烦了！”不只家里人这么想，村子里的人也这么想。因为那时整个社区的人都是共同生活的，所以养育孩子这件事也可以说是全村动员、社区协作的。

大家族会把孩子的父母看作“年轻夫妇”，认为他们最重要的价值是作为青壮年劳动力来支撑整个家族，所以养育孩子这项任务就交给了爷爷、奶奶或者家族里的其他成员。而大家族的外围还有左邻右舍，再往外说还有整个社会，再加上周围的自然环境，都在一起养育着孩子。这种养育模式一直持续到了近些年，过去的父母们可没经历过突然独自承担父母养育责任的锻炼。

自从和西方有了交流，尤其是第二次世界大战之后，“个人主义”突然间流传了进来。于是，大家都开始觉得，比起像以前那样被祖父母、家族、村子等束缚，还是做自己喜欢的事情更为重要。因此“核心家庭化”愈演愈烈，年轻夫妇开始追求自由的生活。可由此而产生的代价是，没有了任何帮手，夫妻二人只能独自养育了。可年轻的夫妻根本就没有接受过“怎样做父母”的训练。随着城市化的推进，所谓的地域共生社会也消失了，因此年轻的父母才会感到焦虑不安。

个人主义其实是在西方文化背景下诞生的理念。日本人只是在试图模仿一些个人主义的表象。因为擅长模仿，所以在某种程度上还能行得通，但在日本人的内心深处并不是完全认同，所以日本人的个人主义是非常脆弱的，并且也并没有意识到问题的根源所在。此外，日本在引入个人主义文化的时候，还否定了过去一直奉行的大家互相支持的传统，所以导致日本人既没有“个人主义”，也丢了“大家族”。这件事所导致的后果正不断地体现出来，养育孩子的不安也从中衍生出来了。

个人主义的观点传入日本后，过去的“家”被否定了，取而代之的是公司变成了“家”。公司就像以前的“家”一样，大家互相支持努力工作，以此来维持这个“家”的繁荣，所以，日本在经济上才获得了如此巨大的成功。但在一定程度上，它是强迫全体成员只为“家”工作的。这样一来，对父亲来说，他为了公司这个“家”而不得不把自己的“家”扔在一边。“父亲”就从家庭里缺位了，母亲只好一个人背负起养育孩子的全部责任，孤立无援，不堪重负。

从这个意义上来说，不仅仅是养育孩子，现在人们普遍焦虑不安的情绪，在某种程度上也是有迹可循的。

当今时代，感到不安的不只是你自己。明白了这一点，你是不是能稍感慰藉呢？

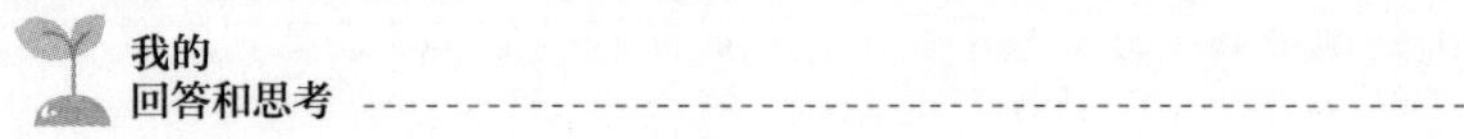

04

为什么我总是忍不住对孩子唠叨呢？

这说明父亲溜号了，并没在做“父亲”。

现在的父亲们整日忙于公司这个“家”，无暇顾及自己的家庭，在“父亲”这个角色上溜了号，母亲就只好扮演起父亲的角色，因为她们本能地感觉到家里缺少了“父性原理”。

父性原理是什么？基本就是以“切断”“区别”的作用为主，可以非常极端地说，就是“大义灭亲”，潜台词就是：如果不好好做人的话，就算是我自己的孩子，我也要与他断绝关系。与之相对的就是“人恶亦我子”的母性原理，基本含义是“接纳”“保护”。“任性妄为也没关系，你是我最爱的孩子！”这就是母性原理的潜台词。

父性原理很容易言语化，也符合当下社会的潮流，所以很多女性也能说出这种话来。“再认真点！”“快去学习！”母亲也成了“大义灭亲”的人。这样一来，家庭中母性就消失了，孩子会不堪其苦。孩子会有这样的感觉：“虽然说不清楚怎么回事，但就是觉得自己没有得到关爱”“我真是个没用的废物”等，如果孩子想得到表扬，除了学习就没有其他办法了。

而且，一旦母亲变得父性化，父亲也会随之而母性化。现在这样的家庭特别多。母亲说：“必须更加努力！”“一定要这样做！”父亲则说：“哎呀，没关系吧，孩子自己会做的。”接着就会被母亲骂：“就是因为你总这么惯着，他才会这样的！”父亲那方通常处于弱势，就会“唉”的一声败下阵来。

母亲有时就是因为父亲一句重要的话都不说才会生气的。如果父亲能先说出父性化的语言，母亲就能安心了，但父亲们几乎都没能做到。甚至有很多父亲软绵绵地说话，这就让母亲更生气了。

改变这种情况的一个好办法，就是父亲先把母亲想说的话斩钉截铁地说出来，比如大喊一句：“快去学习！”这样一来，母亲就会出来唱反调：“孩子他爸，不用那么严厉嘛！”父母也在互相协调寻找平衡。而且，由母亲扮演出来的父性的确会有些软弱无力。

然而要父亲斩钉截铁地说出那些话，其实是很困难的。要是有话该说就立马说，那在日本的公司里可根本就干不下去。在公司里要强忍着，把该说的话憋在肚子里，在家却又要求父亲该说话时就要说话，这种转换实在是很难。

对孩子的成长来说，父性和母性两者都是必需的。然而，从孩子的角度来看，现在的父母们的所作所为既不是父性也不是母性。父性乱七八糟，母性也马马虎虎，两者都像夹生饭似的半生不熟。

当然，母亲扮演父性，父亲扮演母性也是有可能的。说得极端些，一个人同时拥有父性、母性两者也是可能的。被父亲或者母亲中的一方养大的优秀人才也有很多。若真被逼到了不得不一人分饰两个角色，所谓又当爹又当妈的境地，孩子往往也会很理解的。

其实在心理层面上，无论是男人还是女人，每一个人心里都存在着这两个部分，既有父性，也有母性。所以，即使身为女人，如果倾向于父性的话就直接去做。只是要记得，要看自己能不能做到“大义灭亲”的程度。并且，当女人承担了父性之后，必须有一个能补位承担母性的人。

一些家庭中，父母角色会发生互换。虽然不是绝对不可以，但这种状况毕竟不是最自然的。比方说，“再来一点”“就好啦”“好啦好啦”这样的话，父亲不会像母亲说得那么恰到好处。父亲说这些话的时候也不能边说边抱着孩子，就算抱着，身体也硬邦邦的，不够自然。

要想改变母亲们父性化的现状，需要人们改变自己的观念，包括需要改变我们的企业文化。

我的
回答和思考 --

05

好害怕做了“母亲”之后，我就不是“我”了，怎么办？

如何兼顾二者，正是一个人的个性所在。

我以前听学校的老师说，他们让孩子们以“母亲”为题写作文，结果写出来的几乎都一模一样，全都是“我妈妈很温柔”之类的内容。可要是以“父亲”为题，孩子就会写出很多有意思的东西来。换句话说，一说起“妈妈”，河合某子、铃木某雄这样的名字就消失了，只剩下谁谁的“妈妈”这个角色。

从古至今，女性被“妈妈”这个角色限定得太厉害了。从孩子们的作文就能看出来，母亲是有一个近乎绝对的刻板印象存在的。这个刻板印象太过强大，以至于把女性的个性都破坏了。人们都认为，“母亲就必须是这个样子”。日本的女性的确经历过这样的历史，她们被强行塞进“母亲就必须是这个样子”的观念里，所谓的自我以及个性则被完全压抑。

日本自古以来就非常强调母性的积极面，很难看到母性的消极面，所以一提到“母亲”就必须是“好母亲”。可世上本来就没有绝对好或绝对坏的事物，任何东西都有好的一面和坏的一面。

现代女性正是想要打破这古老的传统，不仅作为“母亲”，而且作为一个独立个体生活。这使得她们不得不在某些方面拒绝母性。“要是被贴上了‘母亲’这个标签，‘我’这个‘个体’就死掉了，我可容忍不了！”她们会这样想也是理所当然。当然，也有现代女性和过去一样顺应着母性的传统，悠然自得地扮演“母亲”这个角色。人们都明白，女性的生活方式不止这一种。而那些朝着非传统母性的方向努力的人，对于“母性”十分恼火，她们看不到它好的部分，只能感觉到“它要来破坏自己”。

但女性们的这种倾向现在似乎有些过度，连来之不易的作为“母亲”的有趣之处也扔掉了。所以她们也很难看到养育孩子的有趣之处。现代女性们的母性很弱，“大地的味道”也很少，与“大地”的联结也弱。说到“大地”，它和“母亲”一样，有着把个性吞没的一面。但仔细想想，所有人最后都要回归尘土，因此，人类本来就与“大地”有着深切的联结。

如果母亲与“大地”的联结太弱，孩子就很难充分体会到与母亲的一体感。对于孩子来说，与母亲的联结是最重要的，甚至可以说是一种动物般的本能，是存在于意识之前的更深层次的需要。如果没能充分体验这种感觉，之后就会出现很多问题。比如，女孩到了青春期可能会表现出厌食等症状。

但是对于女人而言，同时做好母亲和女性两个角色，似乎非常难啊！虽然很难，但一边扮演母亲，一边遵循“自我”和“个性”来生活，对今后的女性来说是一个很重要的课题。也就是说，比起在母性和自我这两种生活方式里只选其一，不如去考虑“我在这两者之间，要找到哪里是平衡点，要让它们各自占多少比重”。这种“在哪方面”“何种比重”的倾向，正是一个人的个性所在。

女性在平衡母性与自我的时候，一起生活的男性也需要理解这件事情的重要性，尽力帮助她。女性生了小孩之后要是能彻底发挥母性作用的话，男性就十分轻松了。所以，他们以往一直把养育孩子这件事全权扔给“母亲”，自己从家庭里逃了出去；可如果今后还一直逃避的话，那可就麻烦了。

此外常见的还有，明明母亲自己拼命地不想只做“母亲”这个角色，努力作为“个体”而活着，但却一再试图把自己的孩子放进“好孩子”这个毫无个性的框架里。真是不可思议！孩子肯定也想要像母亲一样，充满个性地活着。

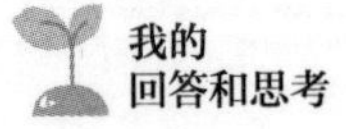

06

对孩子来说，现在的不良诱惑太多了。我该怎么应对呀？

最重要的是培养能抵制诱惑的人。

首先希望大家不要误会的是，其实现在的社会并没有想象的那么坏。

想想以前的日子也就明白了。有的人很有学习能力，却只能上到小学毕业，一生碌碌无为；有的人虽然有自己喜欢的人，却迫不得已与其他人结婚，一辈子痛苦；有的人没法从事自己喜欢的工作，只能子承父业……这些残酷的事比比皆是。全算起来的话，过去可比现在糟糕多了。

所以和过去相比，现在的世道其实并没有变坏。不明白这一点就只会长吁短叹。报纸、杂志的文章总是写得好像现在这个时代无可救药了似的，所以不免让人看了有些生气。其实并不是世道变坏了，而是随着状况的改善，一些以前没经历过的事情发生了而已。世上不可能只有好事，现代社会有它积极的一面，相应地也会附带着消极的一面。

当今社会中，人们变得越来越自由。国外旅游说走就走，恋爱结婚尊重个人自由。这样一来，人生的趣味增加了不少，但同时误入歧途的可能性也变大了。

举个例子，过去你即使想做个酒鬼也很难。人人都没什么钱，连买酒的钱都没有。可现如今，人们手里随时都有足够的买酒钱。而且，只要往自动贩卖机里塞点钱，很容易就把酒弄到手了。方便是方便，但对于嗜酒之人来说，说不定就养成了“酒精依赖症”，从而走上歪路。有人说要把这些“诱惑”全部管制起来，但考虑到自由的重要，我们该做的并不是严加管制，而是要培养既珍惜自由，又不会被诱惑所吞噬的人。创造一个能够培养出抵制诱惑的人的社会，确实很重要。

另外，作为获得自由的代价，现在青春期的孩子们还背负着“独自成人”的课题。也就是说，本该由社会或地区承担的成人“仪式”被丢弃了。所以，现在说起度过了青春期的仪式是什么，往往让人摸不着头脑。

比方说，在近代之前，一个人需要独自与狼搏斗，并将其制服，这样才算成人，这是要赌上性命的仪式。这种标志着孩子们成为成年人的仪式被称为成人礼。到了近代，大家都觉得这种野蛮不讲理的事没什么意义，于是就把成人礼丢弃了。所以，原本由社会承担的仪式，现在必须由个人来做了。

不过所谓仪式，基本上都是要做些有点奇怪的事。或多或少跟疼痛和死亡有点关系，比如互相殴打、狂魔乱舞等。要是没能成功进行仪式，“成人仪式”就可能会表现为病态的形式，甚至发展成恶性事件。从某种意义上来说，杀人之类的恶性事件也可以说是仪式失败的极端表现形式。

物质丰富之后，还需要同等丰富的心灵能量与之抗衡。除了此前的时代使用过的能量，我们还需要使用一些新的能量。而要想使用这种以前从来没用过的能量，就需要独特的“仪式”。相扑比赛前，力士们需要“摆架势”，那就是一种从平常的能量状态提高到战斗能量状态的仪式。这种全新的仪式，需要我们每个人去寻找。

对于人类来说，认知的发展一直在不断向前。但就像前面说的，使用心灵能量这一部分发展得非常缓慢，甚至还跟两千年前差不多。如果要开始改变的话，我觉得现在就是好时机。

我的
回答和思考 --

Q&A

こころの子育て

—誕生から思春期

までの48章

第二部分

学前期，用心储蓄亲子关系

从孩子出生到小学，用爱呵护种子发芽。

亲子之间，有时候感情冲动，有时候大发雷霆，有时候干点儿傻事都没什么，这是一个互相学习和彼此成长的过程，顺其自然地去做就可以了。

07

对婴儿来说，什么是最重要的呢？

“母子一体性”“被保护着”的感觉。

在养孩子这件事上，从孩子出生到三四个月期间体验到的“母子一体性”是非常重要的。

比方说，在这段时期里，要是妈妈吐舌头，婴儿也会吐舌头。但婴儿并不是有意识地去模仿的。婴儿并不是觉得“妈妈吐舌头了，我必须模仿她，所以我也必须吐舌头”，而是一种说不清道不明的一体感，让婴儿条件反射性地吐出舌头。这个时期，妈妈和孩子几乎是一心同体的感觉。之后会有一段时期，当妈妈吐舌头时，婴儿完全不做任何反应。而在一岁以后，他们就可以真的模仿别人做出吐舌头的动作了。

心理学认为，刚出生的这几个月里，孩子通过母亲形成了对世界的最基本的信任感，也就是一种类似“没关系”的安心感。肚子饿了，只要大声哭，就能得到食物；遇到困难一定会有人来帮自己，就是这样的安心感。无论何时自己总能得到帮助，这种感受至关重要。婴儿无数次地反复体验着“不安—没关系，不安—没关系”的过程，明白了这个世界基本上是“可以放心的”，这对孩子来说至关重要。

要是反复经历的是，无论怎么哭都没人来帮自己，这就很有可能变成另一种体验了。也就是，“不管怎么哭都没用”。偶尔因为父母忙不过来，婴儿稍微体验一些这种不安倒也无妨，但如果婴儿获得的是“绝对不可能获得帮助”的体验可就糟了。“被爸爸妈妈保护着”的感受非常重要，可以绝对一点地说，父母就是孩子的“保护神”。

当然，能给予这种体验的不只是生母，母亲的替代者也可以。也有孩子一生下来就失去了母亲，所以，“保护神”不仅仅限于亲生母亲。只要是能让孩子体验到一体感的人就可以，不过，这要是让男性来做可就太难了。

“母亲”能心里想着“这个孩子是我的宝贝”，抱着孩子就能产生用“宝贝”之类的语言也不能表达的极其强烈的一体感。反过来也一样，母亲如果很焦虑，婴儿也会感到很焦虑；母亲如果烦躁不安，婴儿也没法好好喝奶。

不过，可并不存在“这个时期如果能建立基本的信任，一生都能维持如此”的情况。何况就算这个时期没能建立信任，也不一定一辈子都做不到。人生本来就是各种事物的积累与发展。就算在婴儿时期没能体验到安全感，之后的成长过程中也会有补偿的机会。

说实话，现在的人们都太喜欢机械化的思维方式了，总想着：“一开始是这样的，接下来就是第二阶段，然后是第三阶段……”但事实绝不是这样。“零到四岁已经确立了信任感，以后就可以完全放心啦！”这种想法真的大错特错。

过去孩子哭了，父母就算想要立刻赶过去，可客观上总是很难做到，结果反倒是好的。可现在呢？孩子哭了到底是一呼必应地立刻过去好呢，还是放着不管好呢？因为这两种想法都能做到，所以，考虑选哪种倒让事情变得更加困难了。

不过我觉得，“不安的时候总是能得到帮助”，这种体验再多也绝不会有坏处。因为就算父母总能让孩子得到帮助，可在孩子成长的过程中，总会有得不到帮助的时候。倘若错过了帮助孩子的时机，最终让孩子觉得自己无论如何都不可能得到帮助，这就太可怕了。

从“母子一体性”的角度来看，产假制度真是非常重要。女方休产假照顾孩子，男方是应该非常感激的。如果男人抱怨：“女人要休产假，真麻烦！”这可是大错特错了。如果孩子在小时候没能充分体验到一体感，那以后男人可是会吃苦头的。因为此时女人可是为家庭做着男人做不到的事啊。

对于孩子来说，母亲不在，世界就停转了。这是非常了不起的事！无论怎么强调父亲的重要，都无法超越母亲。对于孩子来说，母亲真的意味着整个世界。母亲真的很厉害。而在这其中，父亲能多大程度地参与和理解，就很重要了。

我的
回答和思考

08

很讨厌养孩子怎么办？

先找个人，好好地倾诉一下这种心情吧。

想想看，其实过去的人也不一定多么喜欢养育孩子。但由于时代的原因，必须为家族传宗接代，所以，生个孩子养儿防老也不是什么新鲜事。

但现在已经完全不同了，养育孩子这件事已经上升到了精神层面。孩子们虽然天真可爱但也会调皮捣蛋，把家里弄得鸡飞狗跳。所以要是以“无论何时都必须爱孩子”为前提的话，父母们可真是会气得跳脚了。

但如果你在发愁自己会时不时地打孩子，或是根本不想抱孩子，就需要认真思考一下了。遇到这种情况，最好和专家聊聊。这里说的专家，并不是要矫正或是治疗你，而是和你“一起思考、一起寻找答案的人”。独自一人思考，要么总在一个点上兜圈子，要么就会过于责备自己。这种过分的自责最后大都会演变成愤怒，而这些愤怒很有可能对着孩子发泄出来，这样就成了恶性循环。如果能有人客观地听听自己想说的话，情况就大不相同了。

举个例子可能更容易理解。有一个叫作“围产期护理中心”的地方，负责救护早产儿。早产儿照看起来非常不容易，医生和护士们为了这些早产儿忙得昏天黑地，早产儿的妈妈们反而几乎都不太热心。“我竟然生了这样的孩子！”“要是养不好的话我可受不了！”这些妈妈一点儿都没有“这是我的孩子”的感觉。久而久之，医生和护士也恼火起来，我们在这里拼命照顾，但亲生父母却在那里愣着什么都不做！

在围产期护理中心，有位心理咨询师在做志愿者。他并不做打针之类的固定工作，来了就在这里四处转悠。慢慢地，就会有妈妈上来搭话。因为妈妈们基本不照顾自己的孩子，每天也是在中心里瞎转悠。和多个妈妈聊过后，心理咨询师发现，几乎所有的妈妈都会说：“其实我不想要这个孩子！”聊着聊着又会说：“虽然我这么说，但看着孩子那么努力地活着，也非常心疼……”渐渐地，她们的态度又会发生变化。

人类的心灵真是不可思议，竟然同时拥有两种相反的倾向。嘴上说爱孩子，反过来对孩子多少有些恨意也是理所当然的。这时候，要是索性能肯定消极情感的话，积极情感也就能释放出来。一味抑制消极情感，压力得不到缓解，这样的话，就连积极情感也没法释放了。关键是不要着急，心平气和地接受自己的复杂情感。

妈妈们说丧气话的时候，医生和护士会说："你这说的什么话！我们可是在拼命地救孩子呢！"这就把妈妈们的话头给堵住了。因为他们说得确实没错，所以妈妈们也就没法说出自己的心里话了，只能生生咽下去。或者医生和护士会安慰说："不是你的责任啊，这都是没办法的事。"可话一说到这儿，也就聊不下去了。所以在这种情况下，妈妈们多需要一位既不指责也不安慰，只是专注地听听她们说话，"说多少都没关系"的人啊！

早产儿身体很弱，稍有不慎，就会夭折，所以护理中心的气氛特别紧张，护士们都像绷紧的弦一样拼命工作。但自从妈妈们的态度转变后，护士们也展开了笑颜，时不时也能说上几句玩笑话。慢慢地，整体氛围都变得温馨和谐了许多。

能说出"我不想要这个孩子"这种话的妈妈内心都是十分焦虑内疚的。要是没有一个人能够仔细地倾听，那情况只会越来越糟。同样的道理也适用于孩子。孩子哭了或者生气了，不要立刻对他说："有什么可哭的！""别生气了！"而是应该说句："来吧，和我聊聊吧！"从而接受他的消极情绪。这样一来，孩子就可以从消极情绪之中脱身了。

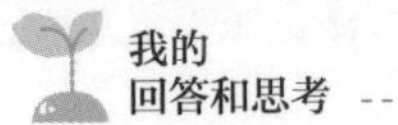

09

为什么我觉得为孩子付出那么多，孩子却觉得我没做什么？

父母太偷懒，没有磨炼自己为人父母的直觉。

现在有很多父母都太偷懒了，没有磨炼自己作为父母的直觉，所以才不懂孩子到底想要什么。

人们都理所当然地认为金钱至上，所以总是会为了挣钱而四处奔波。这样一来，父母的能量就从孩子身上移走，而集中到了挣钱上。父母以为挣钱是“为了让自己的孩子过得更幸福”，但若是从动物学的角度来看，人类反倒是在做父母这件事上偷懒！动物父母虽然不赚钱，但却能尽力哺育孩子，陪伴孩子，尽到父母的职责，而人类父母却为了挣钱无法和孩子待在一起。

所以在出了问题的时候，父母会说："为了孩子我都付出多少了啊！"可问问孩子的话，他们却说："爸爸妈妈什么都没为我做！"换句话，对于孩子来说，所谓父母为他做的事，并不是指挣多少钱，而是能陪伴在孩子身边，在重要的时候回应一句"爸爸妈妈在"。要想磨炼作为父母的直觉，可以回想一下，当你自己还是个孩子的时候，父母怎么做会让你高兴呢？

当我还是个小孩子的时候，有一次哥哥河合雅雄带着我和弟弟两个人去旧城捕蝉。因为我爸小时候也是个淘气包，所以他觉得孩子淘气点儿也没什么，通常睁一只眼闭一只眼也就过去了，就算我们有时候做了坏事，他也不会太发火。不过也有绝对不可以做的事：绝对不能爬旧城的石墙和大树。因为要是从高处摔下来的话可是会死人的！

偏偏石墙边的树上有很多蝉，所以哥哥还是忍不住爬了上去。结果他手一滑，从树干上滑落下来，胸前擦破了一大块。"这下怎么跟爸爸说啊？"于是，心虚的兄弟三人一起串通了说法："就说绊倒了擦破的吧！"但年幼的我们没想到，绊倒根本不会擦破胸前。回家之后，我们按串通好的说法向父亲汇报，父亲意味深长地笑了一下，说："哦，这样啊。"虽然他没发火，但我们都知道肯定露馅儿了。

不发火就是父亲的厉害之处！因为当时，我们兄弟三人已经非常后悔，内心正在反省了。父亲只说了句"以后可要注意"，就已经非常有威严了。这种时候生气还是不生气，就要靠为人父母的直觉了。到底怎么做更好，并没有一定之规，有时候反而生气比较好。

多和孩子相处，认真观察孩子，这种直觉自然就能逐渐练就。孩子是不会无缘无故地哭泣和大笑的：肚子饿了或者尿布湿了就会哭，心情好的话就会喜笑颜开……只要认真观察孩子，孩子就会教会你这些。你感觉好像是尿布湿了，所以试着换上新的尿布，孩子一下子就笑了起来。“果然没错！”这样，渐渐地你就能明白孩子需要什么了。孩子哭了或者笑了，一次次地回应他发出的这些信号，久而久之，就能够培养出直觉。

若是不去寻找孩子大哭的原因，而是一味地想止住哭声，就走错了方向。父母要是再发一顿火，孩子哭得就更起劲儿了。要知道，孩子的养育一旦进入了恶性循环，就会加速恶化。

现如今爸爸们也会给孩子换换尿布，帮帮忙，这时与妈妈多说说话是很重要的。婴儿“哇”的一声大哭起来，妈妈觉得应该是尿布湿了，果然换了尿布之后，婴儿开心地笑了起来。妈妈如果能说一句：“看！宝宝开心了吧，刚才就是因为尿布湿了哦。”爸爸就能明白：“原来如此。”比起母亲一个人沉默不语地做完，像这样让父亲也参与进来是很关键的。

一句话不说地自己忙活，不管是爸爸还是妈妈都容易感到厌烦，这样也就失去了两人一起养育孩子的意义。“为什么哭了？”“为什么笑了？”“哦，是这么回事啊！”两个人一边说，一起理解，育儿这件事也会变得更容易些。

我的
回答和思考

10

为什么我总是烦躁不安，总忍不住责骂孩子？

父母太焦虑了，或是对孩子的期待太高。

之所以会烦躁不安、过分责骂孩子，往往是因为妈妈的内在有某些焦虑。“为了孩子我必须做些什么”这样的想法非常容易与烦躁挂钩，结果往往就演变成了“不许干这个，也不许做那个”。一味地禁止孩子，对孩子生气，这对孩子来说可不是一件好事。与其想着“我必须做些什么”，不如多想想“我再陪孩子多待一会儿吧”“我再多看看孩子在做的事吧”。

其实孩子并不是只会调皮惹祸，他们也会做很多好事和有意思的事。可惜的是很多父母完全看不到这些，他们只盯着孩子不好的地方。做孩子真难，也真是可怜啊！然而，如果这些父母看到别人家的孩子做了同样的事，反倒会说："哎呀真可爱！"

为什么会这样呢？其实是因为孩子所做的事没能满足父母的期待。对自己的孩子，父母的期待总是很高，并且无时无刻不在用那个"标准"来评价孩子。父母满脑子都在想着自己期待的标准，自然就看不见孩子本来的样子了。

当然，也有一些例子说明：正是因为父母怀有期待，孩子才能不断成长。如果父母希望孩子成长得比现在更优秀，那么感受到期待的孩子往往就会更努力。但要是期待过高，或者父母的期待与孩子的个性完全不符，只是用社会的一般标准来衡量，那可就事与愿违了。

也许很多人会说："哎呀，我对孩子没什么期待的，他普普通通就挺好。"但其实大多数父母对孩子的期待还是超过普通水平的。要是真能觉得孩子普普通通就挺好的话，那这样的父母是很了不起的。而实际上父母们可不是这么想的，而是认为"要是做不到这个程度的话，根本算不上是普通"，这样的期待可一点儿都不低。

其实，"普通就挺好"这种话是很简单粗暴的。一般来说，这样想的父母根本不关心孩子怎么想，只是因为认定普通即幸福，所以就硬要孩子变得普通。这只不过是父母自作主张又敷衍了事地把脆弱的幸福观强加在孩子身上了。老实说，做普普通通的人究竟会不会幸福，这谁也不知道。若是从出生起就被念叨着"普通就好"，那孩子可是没什么动力的。“这孩子将来会走上哪条路呢？”要是父母不带着这样的期望去描绘孩子的未来的话，孩子的人生又有什么意思呢？

父母很容易把孩子错当成自己的所有物。既然是自己的东西，那自然会觉得怎么处置都行。但对方可是与父母完全不同的另一个生命啊！觉得烦躁的时候，对自己说：“等一下！”静下心来好好地看看孩子。这样一来你就能发现，孩子其实也在做着许多事情，也能渐渐感到有意思。此外，在烦躁不安的时候，能意识到“啊，我又烦躁了”，就能稍微拉开一些空间。父母能不能有这一份从容，对孩子的养育来说，结果可是大不相同的。

之所以会烦躁不安，是因为母亲的内心存在某些焦虑。焦虑这种东西，有极强的把他人卷进来的力量，所以严重焦虑的人常常会被大家排斥。“说不上来为什么，但那个人一来，大家就总觉得心情不好”，其实是因为那个人心里有个焦虑的旋涡。

一般来说，能缓解母亲焦虑的就是和谐的夫妻关系。夫妻关系牢固，焦虑自然就会减少。丈夫可不能单方面地对妻子说：“你给我管好你自己！”而是要尽全力让两人关系变得和谐。毕竟，当初是你亲自选了这个爱焦虑的人做伴侣啊。

“自己的选择”这件事是非常有意义的。有人会说：“哎呀，我们是相亲结婚的”“我以前不知道她这样”，这些完全是借口。“选择”

意味着他和她之间有着某些不平凡的缘分，建立一种需要缓解焦虑的夫妻关系对他的人生来说有着某种特殊意义，所以他才选了她。与我们自己的人生课题相符的人，冥冥之中就会成为我们的伴侣。

我的
回答和思考

11

总忍不住唠叨孩子“快点”“不行”，怎么办？

在出手干预或者张口之前，先等上五秒钟。

父母若是想对孩子说教，几个小时都说不完。因为父母毕竟通晓事理，人生经验也丰富，多长时间都有得说。不过，下次想说什么的时候，还是先等上五秒钟为好。想对孩子说“快点”“那可不行”这些话的时候，稍等片刻，事情就会大不相同。等五秒钟还是十秒钟，父母也可以自己决定，默默等等看，孩子就会做出很有趣的举动。

我很喜欢斯坦尼斯拉夫斯基的《演员自我修养》[1]。其中有这样一段。导演让演员走上几步，但在旁边不停地说：“你觉得有这么走路

①《演员自我修养》，作者是苏联戏剧家斯坦尼斯拉夫斯基，这本书主要阐述了演员在形体、发声、性格、思维逻辑等方面所应具备的素养。——译者注

的人吗？”“掌握重心！”“眼睛朝着要走的方向看！”结果演员就蒙了，身体也变得僵硬，根本不会走了。也就是，没完没了地说正确的话，会让人无法行动。

同样地，育儿的时候，也绝不是说些正确的道理就可以了。如果父母对孩子只能冷漠地看着，说些正确的大道理，孩子肯定受不了。之所以认为只要对孩子说些正确的道理就好了，是因为有些父母太急躁了，或是因为处在指导、提建议的立场上很轻松，说这些道理根本不需要耗费多少力气。反倒是耐心等待孩子说什么、做什么，才是非常需要消耗父母的能量的。

其实只要稍等上一会儿，孩子肯定会做出有趣的举动，也可能他们会冷不丁地说些什么。有意思的是，越是在困难的状况下，孩子越是会说一些很难懂的话。甚至我们都会觉得，他们说的话好像是在试探大人呢。

我经常会举这样一个例子，有个孩子不喜欢去学校上学，有人问他：“为什么不去上学呀？”他回答道：“因为去学校就会交到朋友。”一听这个答案，大家肯定会很想说：“为什么呀？交朋友不是很好吗？”但这时如果耐住性子说：“哦，是因为会交到朋友啊！”这样等一会儿的话，就能听到下文了。对接下来的内容继续说“嗯？”来表示感兴趣，倾听孩子的话，他就会不断地说，最后竟说：“要是朋友到家里来的话，爸爸得了怪病这件事就露馅儿了。”从开口到最后说出心里话是会花不少时间的。其实孩子是在因为父亲的事烦恼着，只是一开始很难说出口罢了。

不断地体验这样的过程，就能逐渐提高耐心等待的能力。因为父母会渐渐明白，等一会儿孩子就会道出实情。重要的是不再单方面地进行说教，而是在孩子面前保持一种“开放”的态度。

再讲一个德国文学研究者子安美知子的故事。她在给侄女读绘本时，她侄女的朋友一直在旁边说：“我早就知道啦！”子安女士心想：“真是个讨厌的孩子！”但是在她读完之后，那个孩子却说：“阿姨，再读一遍嘛！”“嗯？”子安女士正诧异着，孩子说：“这次给我读吧！”原来那个孩子非常清楚虽然有两个孩子在，但子安阿姨只是在给她的侄女读而已。又因为很难把“也给我读嘛”说出口，所以才一直在旁边捣乱。

不过子安女士身上肯定也有什么特点，让这孩子知道只要说出“给我读”这句话，这个阿姨就能明白自己的意思。如果没有说出那句话，子安女士就只会在心里想“那个孩子真讨厌”，事情就到此为止了，不是吗？明明别人在读书，却总在一旁说“我早就知道啦！”这种话，其实那些话都是“也给我读读吧”的信号啊！

孩子能勇敢说出来之后，大人也能立刻理解。子安女士马上说：“好啊，这次来给你读吧！”这个故事真的让我非常感动。

虽然如此，但货真价实的等待是很难的。人总是很容易不知不觉就烦躁起来，想着沉默的对方到底什么时候开口啊，什么时候开口啊……这根本就不是等待，因为那些烦躁最终全部都会传递给孩子。

不过，也没有必要逼迫自己一味等待。比如，当孩子不停地抽纸巾的时候，用理性来劝说自己“小孩子是在玩呢”而不去制止的话，就有些奇怪了。“太浪费了”才是正常的反应，这种时候只要说“别抽了”来制止他就可以了。

“真正能够等待”“真正能够陪伴”，这些事，真的很难啊！

12

孩子做的事总是不如我意，是教育方法不对吗？

因为孩子是活生生的个体，所以不可能尽如父母心意。

当今社会过于相信父母可以控制孩子了。可能是因为如今可以如愿做到的事情太多了，所以人们也出现了一种错觉，认为什么事情都可以掌控于股掌之间的人很厉害，很了不起。我认为现代社会中这样的倾向太强了。

现代科学的不断发展给我们带来了太多的便利，所以人人都觉得，只要好好做事就可以如愿以偿。以此类推，养育孩子要是没能如愿进行的话，就会烦躁不已。

机器这种东西，只要使用的人操作熟练，就一定可以按照人的意愿运转。但是，养育一个活生生的人与操作机器可大不相同，所以，有数不清的困难也是理所当然的。如果一开始就懂孩子是不会尽如大人心意的，“我家孩子啊，喜欢做什么就做什么吧！”这么想就没事了。这些道理，大家都懂，但因为我们身边有太多顺我们心意的机器了，所以在孩子不如意的时候，我们总会觉得自己是不是什么地方做错了。

“只要养育方式好，就可以顺心如意”的想法完全是迷信。没有对所有孩子都适用的“好养育方式”，但却有很糟糕的养育方式。所谓很糟糕的养育方式是指，父母总是发脾气、对孩子弃之不管、不给孩子食物等。但对所有人都通用的万全之法可是没有的。而且如果谁都可以做到，那么所谓的万全之法也没什么了不起的。

所以，“一定是我做得不对，肯定有更好的方法，但我还不知道”的想法是错误的。完全好的方法根本就不存在，养育孩子可不是那么简单的事！要是真的有那么完美的方法的话，人们早就都用这个方法获得幸福和成功了吧！人生可没有那么方便的东西。

日本的传统文化中，其实蕴含着这样的哲理：“一切都由我自己来做，一切我都能顺利做成”是根本不可能的。并非只要我自己做得好，就可以顺利把孩子养好，养育这件事没有别人的帮助可不行。也就是说，我并不能够百分之百地掌握人生。

日本在明治时代之后，积极地从欧美引入了合乎逻辑的现代科学。合理主义[①]一直沿用至今。这样，就会让人不由得产生了错觉，竟以为人生这件事应该是能合自己心意的。

总之，对象是孩子，是活生生的个体，他们不可能完全按我们的想法活动，这才正是所谓的“生物”。这么想来，猫猫狗狗也不会完全顺人心意，植物也不是你想让它开花就能开花，更不用说孩子了，他们是不可能按照别人的想法成长的。话虽如此，可一说到自己的孩子，父母们好像就总是觉得他们能如自己所愿。

所以在养育孩子的过程中，一旦不顺心了，就认为“是我不好”，从而生出罪恶感的人，其实根本没有必要这样想。不论是多么优秀的父母，多么优秀的孩子，都会有不如意的时候。

虽然我这人可能已经是老古董了，可我还是觉得其实不如意的事才是真正有意思的事。或者更应该说，其实没有比不如意的事更好的东西了。这才是人生，正是因为有了这些，人才能够成长出自己独特的个性。

当遇上不如意的事，想来想去也没什么用，不妨先睡一觉吧！等你睡醒睁开眼睛的时候，事情也许就会有所改变。等一个晚上，就有了变化，这真是不可思议。

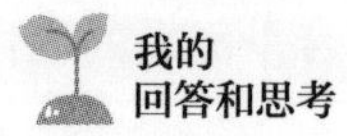

---

① 日语中的汉语词，指以符合道理和逻辑为第一性的思想。——译者注

13

当孩子不听话时，总忍不住想揍他，怎么办？

重要的是努力避免形成只有母亲与孩子的封闭关系。

现在养育孩子中最让人犯难的，就是母亲和孩子之间总容易形成对外封闭的环境。因为在过去，对于母亲来说，家里不光有父亲，还有爷爷、奶奶，邻居们也常常来串门。所以，就算母亲生气了，也可以在家庭之外发泄一下。

可现在，家庭关系似乎已经变成了仅是母亲和孩子两个人之间的关系了。母亲生气了只能冲着孩子发火，而且因为对方还很小，所以母亲更容易没有节制地发火。要是想跟邻居发火，多少都会有些顾虑，不会肆无忌惮，渐渐地也就消气了。可如果处在只有孩子与母亲的对外隔绝的环境中，无论是怒火，还是愤恨，都会被放大。而且母亲也会莫名地产生一种“我们是亲母子，所以没关系”的满不在乎的心理。

房子的构造也是，过去有外廊[①]、隔扇[②]，从而营造出开放式的格局，这就不得不与邻居打交道。可现在的公寓楼，一扇门就把外面的世界隔开了，越发容易形成只有母亲和孩子两个人的世界。外面的人看不见里面的情况，也没法进去。欧美人从常年居住楼房的经验中得知这样封闭的环境是不好的，于是会想办法把家庭向外开放一些。比如开派对、和朋友聊天等，让自己对家庭关系之外的关系开放。第二次世界大战后的日本急速城市化，大家族、共同体消失不见，进而发展成了核心家庭，因而非常需要向外开放的态度。可与之相反的是，人们都在家庭中封闭了起来。

话虽如此，但也并不是说回到过去就全都好了。自古以来，日本式的交际意味着，在那个场合下聚集起来的所有人都必须遵从“大家一起”的交往原则。大家必须一起聊天，和“大家一起”的就是“自己人”。能不能和“大家一起”就成了区分是不是“自己人”的标准。而支撑这一区分标准的，正是所谓的“世俗社会”。

日本式的人际交往的特点是，一旦开始了就没法断绝。而欧美式的交际是个人与个人之间的，其中美国人最为典型。他们不存在明确

---

① 外廊，即檐廊，指日本式住宅中，作为走廊或进出口，在房间外周铺设狭长木板的部分。——译者注

② 隔扇，指日本式房屋用来间隔房间的拉窗、拉门等的总称。——译者注

的“自己人”的概念，无论和谁都可以随便聊天，又什么时候都可以切断这个关系。要是被对方拜托了奇怪的事情，说“不”直接拒绝掉就行了。可是在日本，一不留神搭上话建立了关系之后，哪怕对方以后来借钱也只能说：“哎呀，这……”十分难以拒绝。所以人们就会产生一种想法：干脆从一开始就尽量不要和别人交往好了。

现在人们的交往方式正在不断变化。讨厌传统的日本式交际，却又还没学会欧美的交往模式。所以人们糊里糊涂地就尽量不和别人交往了。也许有人会说：“以前和邻居打打交道真好啊！”但你也别忘了邻里之间的琐事也很让人烦恼。

孩子上幼儿园的妈妈们，也不知道和彼此的关系好到什么程度比较合适。要是日本式交往的话，妈妈们在送孩子去幼儿园回来的路上难免会聊一会儿，这时如果其中有谁提议：“一起去喝杯咖啡吧！”那么其他人就算不愿意也必须去，不得不坐在一起聊天……所以妈妈们就尽量不和别人交往了。这样一来，就又形成母亲和孩子两个人的封闭关系了。养孩子的烦恼，也只能给住得很远的大学同学打电话聊聊。

所以现在的妈妈们真的很可怜，她们孤立无援。“想做自己喜欢的事，但其实也想和谁有所联结”，大概是这种心情。虽然也可以说是妈妈们自己导致了孤立，但只有母子关系的封闭世界到底该如何向外开放呢？我认为这是个非常严肃的问题。今后如何与他人相处？大家都必须好好思考这个问题。

比方说，开家长会的时候，大家可以提议：“虽然很难，但大家还是尽量把自己的想法说出来吧！我们总说要交往，那要交往到什么程度呢？”大家一起聊聊如何保持恰当的距离交往，然后慢慢探索就好了。

另外，如果母子的封闭关系已经到了“精神虐待”的程度，还是去见见专家为好。你不要认为是去向专家咨询，当作去一个“可以说心里话的地方”就好，这么想的话，结果就会有很大的不同。

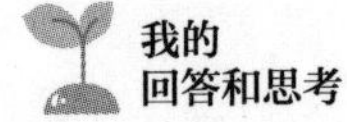

14

孩子经常发呆，我好担心啊，怎么办？

看起来在发呆的时候，也是孩子的心灵在成长的时候。

就像味噌或者酒发酵的过程一样，心灵的成长可是一件非常不容易的事。虽然孩子在这样的时候表面上显现出来的好像迷迷糊糊地在发呆，但他们其实很需要这样的时间。父母没必要朝孩子大喊“发什么呆呢”，把孩子真正需要的时间夺走。我们都知道，酿酒的时候，需要用酒曲慢慢地一点一点地去发酵。如果一口气把酒精倒进去，就说“做好了”，结果只会做出没滋味儿的东西。孩子心灵的成长又何尝不是这个道理呢？

成年人也可以想想自己。没有人能从早到晚一刻不歇地拼命工作，要是被问到“报告一下在公司的休息时间做的所有事”“喝茶的时候在想什么”，你肯定会觉得这问题很蠢，而且也答不上来吧？其实大人们也经常发呆。既然大家都会适当地发发呆，可却对孩子喊“不许发呆”，这又是什么道理呢？将自己做的事情完全抛之脑后，净对着孩子指手画脚。哎，大概人就是这样吧。

发呆这件事，正是因为呆呆地什么都不做，所以才重要。就算是机器，也不能一直不停地工作。螺丝松了，或者过热了，也需要休息一阵子。在欧洲人的生活习惯里，发呆这件事已经融入其中了。他们会到其他的城市休假，或者找个安静的地方发呆。即使是平常也会去看看戏剧、听听音乐会。比起日本人，欧洲人去这些地方可频繁得多。想想当时的心情，是和工作、做家务的时候很不一样的。

在日本，过去宽松一些，不论大人还是孩子都能随意地去玩玩，散散心。但现在要是有这样的时间的话，大人们肯定就会见缝插针地工作，还会督促孩子：“快认真学习！”

如果大人们能多多休假、听听音乐会，就没那么多时间严厉地看管孩子了。现在大人们的空闲时间都集中在监视孩子上，孩子就没法玩耍、发呆或者做些傻事了。大人能不能拥有自己的世界，对于孩子心灵的成长来说也很重要啊。

孩子在成长的过程中，会逐渐把“父母的目光”内化为自己的一部分，这就是所谓的道德或者伦理。孩子正是在与其斗争的过程中逐渐成长起来的。但如果父母的监视严厉过头了，就会压抑孩子的成长；但反之，在任何事上都不压抑孩子，这种放任式的育儿方法对孩子的成长也是不利的。

基本上，孩子们都是在“父母看不见的地方”成长起来的。想想自己不也是一样吗？如果孩子把自己做的所有事情都报告给父母的话，父母肯定就吓坏了，再也不让孩子出去了。孩子在父母不知道的地方慢慢遇到一些可怕的事，“啊！我再也不这么干了”的经验也会慢慢积累。时不时做一些有点危险的事，在这个过程中孩子会渐渐成长为大人。父母能不能相信孩子，能不能相信他们在自己看不见的地方成长着，这也很重要啊。

父母自己不再焦虑之后，就可以放心地想：“反正小孩儿就那样，肯定会做点什么出格的事吧！”也许孩子真的会做出让父母大吃一惊的事情来。到那时父母再着急慌张也没关系，没到的时候放心就好了。

反而，如果孩子一直很听话，从来没做过任何让父母惊讶的事，他内心的能量一直积攒着，到了爆发的时候就会很惊人。越是做出了骇人听闻之事的孩子，他周围的人越会感到非常吃惊：“明明是那么老实的孩子啊！”“那么好的孩子怎么会这样呢？”孩子的能量一直积攒着，积攒到一定程度就会连本带利地爆发出来，自然非常惊人。

我的
回答和思考 --

15

当孩子出现“压力信号”时，我该怎么办呢？

比平时更宽容地对待，默默地关怀孩子就可以。

当孩子长到了两岁，就会常常想说话、想要自己去做些事情，这正是向下一个成长阶段过渡的时期。这个时期孩子身上可能会出现一些“信号”，比如抽搐，即不自觉地抽动脸上肌肉、摇头等，或者尿床、周期性呕吐[①]……这些都可以说是“压力信号”，不过也没必要太大惊小怪。

离开父母身边去上幼儿园或者上小学之后，大概在10岁左右，

① 周期性呕吐症，也被称为丙酮血症、丙酮血性呕吐症等。指突然感到筋疲力尽，接连数日反复呕吐的疾病。2～10岁的孩子易发生，随着成长发育会自愈。——译者注

就会出现这样的状况。因为不论是什么样的孩子，到了新环境的时候都难免有些战战兢兢。这只是一时的不适应引起的，只要怀着默默关注孩子的心情等待，一般过一段时间就会好的。不过要是这些症状一直没消失的话，就有必要重新审视一下之前发生的种种事情了。

想想我们大人身上发生的事，就更好理解了。在职场，跳槽到了新的环境，或者提拔成了科长，大人也会有些忐忑不安吧。我们都是这样一边紧张着，一边慢慢跨越难关。所以孩子也是一样，我们只要能明白“现在是有些困难的时期”就可以了。完全没必要担心自己的孩子有什么不对劲儿。总是想着“不对劲儿”，反倒有可能让事情变得更麻烦。

孩子抱着喜欢的毛绒玩具或毛巾被不肯撒手，也说不上是“压力信号”，这是在任何人身上都会发生的事。其实孩子是在与妈妈分离的过程中，把毛绒玩具等东西当作了妈妈的替代品而已。也许这个时期过长会让人伤脑筋，但其存在本身是很正常的，父母耐心地陪伴着孩子度过这一时期就好了。

反倒是如果孩子什么事都没有的话，才更让人担心。因为有可能是孩子连发出信号的力量都没有了，也可能是因为知道父母不会接收自己发出的信号，所以孩子就放弃了。在接受心理咨询的孩子中，最棘手的就是“容易养的乖宝宝”。因为可能是孩子发出了信号可父母没有注意到，所以才把他们当作容易养的乖宝宝。或者是因为父母没有注意到，孩子就逐渐地不再发出信号了。

总之，在某个特定的时期发出“压力信号”是很正常的事，无须提心吊胆。正常抚养的孩子也可能会在某个时期出现抽搐等症状，稍微注意些就可以了。比如想生气时多忍耐一下，孩子睡得晚了些就睁一只眼闭一只眼地算了，这就足够了。如果小题大做，把这些“信号”当成问题来看的话，反倒会让事情变得更糟。

如果在“母子一体性”形成的关键时期，母亲偷了懒的话，孩子就会在某个时候出现“压力信号”以期待得到补偿。这个时候，父母就要意识到，我得为当初的偷懒行为做出补偿。假设孩子的奶奶替代母亲养育孩子，其实就是母亲把自己的角色托付给了奶奶。如果奶奶愿意养育孩子的话倒还好，但如果不是很愿意的话，母亲就应该有所觉悟，这部分责任必定会在某时某地由自己背负起来。

人生是多种多样的，“压力信号”也会以各种各样的形式表现出来，对于偷懒部分的补偿也要根据不同孩子的不同需要来完成。因此，当补偿的时刻来临时，不要逃避，而是想“之前没做的事，现在让我补上吧”就好了。明明享受了偷懒时的欢愉，到了要负起责任的时候可不能唉声叹气。随心所欲地做自己喜欢的事没问题，只是别忘了总有一天还是要负责的。

“我以前没体验到的东西，也让我体验一下吧！”这样想说不定更好。没必要有罪恶感，只需要想想“孩子以前没得到满足的，现在正从我这儿寻求补偿呢”就可以了。另外，这种为之前的不足寻求补偿的行为，最容易发生在青春期。

所以就算是初中生，也可能会想像小孩儿一样跟妈妈一起睡。“那就让他再变回一次婴儿吧，这孩子是在寻求补偿呢”，这样想就好了。当孩子能够感受到，不管是爸爸还是妈妈，都比以前更关注、更在意自己了，孩子就会发生变化。

我的
回答和思考

16

孩子特别爱撒娇，他以后能自立吗？

只要让孩子尽情撒够娇，之后自然会自立的。

我们都知道，自立在孩子的成长过程中至关重要，所以有些父母就会着急让孩子赶紧学会自立，从而出现强迫还没有足够能力的孩子自立的现象，这样，孩子就太可怜了。所谓自立指的是孩子“靠自己站立起来”，所以在孩子能力还不足，想靠着黏着的时候，就让他们尽情地撒娇好了。

如果父母总是绞尽脑汁地考虑让孩子自立，与孩子的感情就会疏离。这样一来，孩子会有一种不满足感，会更黏人，整天缠着父母。这时，母亲就会更生气：“这孩子怎么还不能自立？”进而出现恶性循环。反过来，假如父母能够恰如其分地接纳孩子，允许孩子充分撒娇，总有一天，孩子是可以靠自己的力量独立的。所以没有必要担心，孩子可是非常厉害的！

“想要怎么依着靠着都可以，什么时候离开也可以”，这就是最好的态度。“好，那就靠过来吧！”“要离开了吗？那就走吧！”但说起来容易，做起来难啊。

即便是青春期的孩子，有时也会突然想要把头枕在妈妈的膝盖上躺着。孩子那时候正体验着连自己也不清楚的强烈焦虑感。孩子焦虑不安的时候，自然会想要一个依靠，而他首先想到的自然就是妈妈。

因此，没有必要害怕孩子朝自己撒娇，尽情陪着孩子就好。不过，要是妈妈对孩子缠着自己这件事很得意，进而母子彼此都过分黏着，就真的会妨碍孩子的自立了。父母逮住孩子，死命抱着不松手，孩子怎么能自立呢？虽然好不容易才跟孩子达成了一体感，可总归有一天孩子是要自立的，父母必须有心理准备。

当孩子向自己撒娇的时候，要学会接纳孩子想要撒娇的心情。不过娇惯孩子跟让孩子撒娇可不一样。娇惯孩子是一种“不管怎样，来跟我黏糊地缠在一起就好了”的姿态。在这种姿态下，没有“好”“坏”之分，父母也完全失去了对孩子想法的判断。孩子既会做些捣蛋的坏事，也会做些让大人意外的好事。但不管怎样，只要父母用温暖的目光守护孩子，自然就能够做出正确的判断。

此外，对娇惯孩子的父母来说，想为孩子做些什么的心情很强烈。“不管什么东西我都给他买”“什么事我都可以为他做”，这样就容易以自我为中心，结果却把孩子越推越远。所以就会出现这种现象：大人辛辛苦苦地做了很多事，孩子却只感觉到一直在被父母强迫。

不过也并不是要父母像心理咨询师一样有客观的态度，那也会让人受不了。亲子之间，有时候感情冲动，有时候大发雷霆，有时候干点傻事都没什么，这是一个互相学习和彼此成长的过程，过程中也难免有很多失败。所以，顺其自然地去做就可以了。

但也有很多人并不明白顺其“自然”的含义。有的母亲断开了与自己自然的感情之间的联结，有的母亲甚至连孩子都不想抱。而到了这种地步，问题已经相当严重，可能需要去见一下专家获得帮助。

我经常说：“人有着一种去违反自然的本性。”人类在破坏自然的同时，还必须回归自然。回归自然的一个很好的方法就是养育孩子。因为孩子就是自然，只要用心感受和观察孩子的一举一动，我们就可以真真切切地“自然”起来。不过在育儿的时候，成年人总是容易无视孩子自然成长的过程，而从成人的角度去考虑。这样，就会感觉似乎陪孩子多玩一会儿也浪费了时间，为了养育孩子而花费时间就做出了莫大的牺牲。可是，在陪伴孩子一起度过的时间里，其实成年人自己也是被疗愈的。

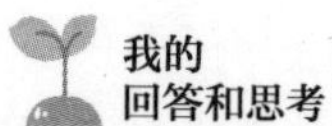

**我的
回答和思考**

17

什么时候告诉孩子“世界上没有圣诞老人”比较好呢？

不需要特意去说，孩子会自己发觉的。

当我还是个小孩子的时候，圣诞老人每年都会来我家。12 月 24 日晚上，圣诞老人会趁着我们睡觉的时候把礼物送来，藏在家里的某个地方。到了 25 日早晨，天还没亮，我们几个小孩子就全员出动找礼物，这是我们家的惯例。世上没有比这更神奇、更有意思的事了！

有一次，我们几个孩子一起讨论这件事，结果发现按照我们家的建筑构造，圣诞老人根本不可能从烟囱进来。“这可真是太奇怪了！”我们向父亲提出疑问，不过父亲指着玄关上的菱形装饰窗说：“圣诞老人就是从这里进来的。”所以 24 日晚上，我和哥哥们偷偷在那扇窗上扯上了一根细绳，第二天早上发现细绳断了！圣诞老人果然是从那扇窗进来的。

还有一年，当时上小学五年级的哥哥声称要熬夜捉住圣诞老人。父亲竟然非常赞同，还说要帮忙一起捉。父亲和哥哥两人一起熬夜等待，但哥哥却不小心睡着了。父亲也说："一不注意就跟你一起睡着了，真是可惜啊！"正是趁着两人睡着的一小会儿工夫，圣诞老人就把所有的礼物都藏好了。这个故事不但没有揭开圣诞老人的"秘密"，还展示了圣诞老人的厉害之处！后来，这个故事像传说一样在小伙伴之间流传，我都不记得讲了多少次了。真是非常令人开心的回忆！

"世界上有圣诞老人"，如果孩子相信这样的幻想，那父母就帮着孩子做这个梦就好。不用特意去告诉孩子没有圣诞老人这件事，就交给孩子自己去发现吧！

很多时候，孩子并不是通过语言，而是通过幻想和体会学到了很多东西。比如在小孩子玩过家家或者捉迷藏游戏的时候，他们总是会一边玩一边说一些有意思的话。"去打怪兽喽！"然后咚咚地打过去；"哎呀，追过来了！"然后赶紧逃跑……他们一次次重复同样的游戏。在这样的游戏里孩子所体验到的东西，可以说是"我很厉害！"，也可以说是"我要干掉坏人！"。

试想一下，如果成年人只是嘴上说"你很厉害哟！""你很正直哦！"，那么无论说多少遍，孩子都不会有真实的感受。孩子只有在幻想的世界里玩耍，才能感受到自己是厉害的、正直的。

跟孩子一起玩，会体会到很多有意思的内容。比如孩子说：“来了16只特别巨大的怪兽！”随即进入了战斗状态。当终于把16只怪兽全都打倒后，孩子却忽然说：“其实还有一只！”仔细想想，现实中不也常常这样吗？当你以为“问题全都解决了”的时候，新问题又接踵而来。所以说，孩子正是在游戏中体验着人生的种种境遇。

幻想对成年人也很有用。当家里面有什么东西找不到的时候，与其对着妻子生气抱怨，不如说一句：“看起来我们家里住着小矮人啊，是他们恶作剧呢！”这样一来，家里能少吵不少架吧？毕竟我想不起来东西放在哪里了，妻子也不记得了，那坏人就只能是小矮人了。如果另一个人说一句“真是拿我们家的小矮人没办法啊”，对话就合拍了。

就像这样，“故事”有着支持人们内心世界的力量。所以成年人可不要随意毁掉孩子们的幻想世界。其实，有时父母也并不是直接压抑或否定了孩子的幻想，而是因为别的话说多了，导致幻想被打破。比如，当孩子正兴致勃勃地在幻想中玩耍的时候，“说什么傻话，快去写作业！”“发什么呆呢！”这些话一下子就把幻想毁掉了。

其实，很多时候父母以为自己说的是好话、正确的话，却不小心把孩子的世界打碎了。

我的
回答和思考

18

该怎么跟孩子谈“死亡”呢？

也只能说说自己的想法了吧。

很多孩子到了六岁，就会开始思考“人死了以后会怎么样呢”这样的问题。也有完全不考虑这些事的孩子。尤其是那些按照父母所安排的“好孩子路线”成长的孩子，似乎完全切断了与外部世界的交流。因为这些父母认为，孩子思考这些事的话，就没法好好学习了。

如果被孩子问道：“人死了会怎么样呢？”也只能说说自己的想法了。可以说：“爸爸也不明白啊，但这是个非常重要的问题，所以我也还在思考呢！”或者听了孩子的话后，回应：“是啊，会怎么样呢？”把话题继续下去。

如果孩子来问这样的问题，父母应该感到高兴。因为孩子信任你，所以才会问你啊！其实什么都不对父母说的孩子相当多，因为那些孩子明白，就算问了，也不会得到答案。看着父母犯难的样子，孩子也觉得父母怪可怜的，索性就不问了。或者，也有的孩子会先说一点儿，再看父母的脸色，接下来就不说了。能让孩子意识到父母是值得信任的，是能提问的，这样的父母真的很了不起。

如果有的孩子非常害怕死亡，一直哭个不停，父母只需在旁边默默地陪伴就好，因为孩子自己就会想到很棒的答案。“对了！要是死了的话，就再从妈妈的肚子里出来。”孩子有时会说这样的话。

这在大人看来是句笑话，但对于孩子来说却是“真相”，所以只要说“太好啦！”，和他一起高兴就好了。因为这是孩子绞尽脑汁自己想出来的答案。

有位美国作家写了一本书，内容是与孩子讨论一些关于神话和死亡的话题，我觉得很有意思。作者去学校向孩子问了许多关于神灵和死亡的问题，结果孩子什么都没有说，作者就以为“孩子不关心这些”。

这时，有个人就建议：“在学校里问，孩子怎么会答出真正的答案呢？学校和孩子们生活的世界完全不一样，在学校里问‘你相信有神灵存在吗？'，孩子当然会摆出不知道的样子来。要是真的想知道答案，就必须去孩子的家里。”作者就去了孩子家里，可还是没问出什么来。直到过了三年，孩子才开始谈有关神灵的话题。

孩子们表面上虽然不说，其实他们心里却是有想法的。父母如果能沉下心来，与孩子悠闲地躺下聊聊天，孩子就会说出这些想法。要是父母太过急切地想追问，孩子就不愿意说了。

说到生命，我们都说“要珍惜生命”，说打死虫子很残忍，但其实打死了也没事。正是因为杀生才让人懂得了珍惜生命。虽然说“要珍惜生命”，可如果我们珍惜所有生物的生命，人类是无法生存的。什么都没法吃，什么都不能伤害，那么要怎样思考“活着”这件事呢？与其嘴上说着“要珍惜生命”，不如家人多坐在一起聊一聊，这样孩子就可以切身地感受到“想让父亲一直活下去”“母亲要是不在了可怎么办”。这样，不用多说，孩子自然会明白生命的重要性。

生活中我们还会遇到这样一个问题：爷爷奶奶去世的时候，要不要让孩子看到火葬的场面呢？有人认为“让孩子看到比较好”，这其实是不合适的。实际上就发生过这样的事：爷爷去世了，家人认为“让孩子看到火葬的场面比较好”，于是就把孩子带去了火葬场，结果孩子看到火葬的场面之后变得极度不安。

其实，这种死亡的悲伤，孩子只需要和成年人一起“体验”就可以了。“虽然爷爷去世了，但奶奶还在，爸爸妈妈和你也还在呢。”在这样的话里，孩子就能体验到爷爷去世的悲伤了。但如果打着“死亡教育”的旗号，非得让孩子看到“人死了就会被烧成灰”的场面，那也真是够蠢的。

我的
回答和思考

19

学前教育对孩子究竟是好，还是坏？

学前时期重要的不是学习，而是自由自在地玩耍。

从零岁到六岁的成长时期，孩子几乎每大一岁就会变一个样，所以父母能清楚地看到他们的变化。而六岁却是一个节点，这一时期，孩子开始自己做很多事，这就是“身边的自立”，也就是从自己身边的小事开始追求自立。接下来，孩子就会离开父母，进入小学，正式开始学习生涯。所以，小学时期才是非常重要的一个关键期。

对于六岁之前的孩子来说，比起学习，情感体验更重要。长远来看，到六岁上学之前能让孩子自由自在地玩耍，做些自己喜欢的事，才是最有意义的。而且要让孩子亲身体验各种各样的情感，悲伤、痛苦、愤怒、欢喜等都非常重要。

现在日本家长们的一大问题就是太短视了，短视到仅看到孩子现在学习还不错就安心了。有些父母让孩子很小就去学习、上课，其实只是为了让自己安心。因为靠眼睛看不到的东西来让自己安心很难，所以就只好去关注那些眼睛能看到的东西，以此来获得安心。父母为了能让自己安心，而迫使孩子付出了大量的精力。这多么难为对文字和数字都还没有兴趣的孩子啊！而这种强迫孩子的代价总有一天会出现。

很多家长在孩子入学前急着让孩子学算术或识字，虽说孩子确实早学到了一些知识，但却占不了太多便宜。也许早早就学会的话，在刚入学的时候会显得很有能耐，但这种差距差不多一年就被别人追上了。从孩子的一生来看，几乎没什么意义。

从历史的角度看，近一百年日本都在追赶别人、赶超别人，所以日本国民有一些迫切的想法也并不奇怪。不过欧美人从漫长的历史中知道着急做这些事也没有用，所以放任孩子在自由地玩耍中成长。虽然欧美人中也有热心教育的父母，但他们并不会刺激到别人。当然，热心教育的不只是日本，韩国、中国也差不多，都有一种“必须追上”的想法。不过，日本发展到这样的程度也差不多该意识到这是在做傻事了吧。

在考虑学前教育问题的时候，容易导致误会的事情就是，总有成功的例子存在。一些有罕见天赋的人，因为学前教育而取得了成功。但是看着那种特殊的例子，想着“我家孩子也可以”的父母，并不是以孩子为中心，而是以自己为中心在思考问题。有的孩子很有天赋，也接受了学前教育，在外人看来非常幸福，可对他本人来说却非常痛苦。也有孩子因此而憎恨父母，甚至自杀。看看自己身边的人就会明白，在某些方面稍有特长、比别人做得好一些，也不一定就是幸福的保证吧！

如果还是想让孩子接受早期教育的话，那就一定要用心观察孩子了。如果大人选的早教并不适合自己的孩子，就会发现孩子会变得越来越面无表情，举止也会变得怪怪的。注意不到这些的父母可是不合格的。

“我家孩子开口说话太迟了”“识字太晚了”……因为这些事焦虑不安的妈妈特别多。不过发展心理学里写的那些时间点，只不过是作为参考值罢了，谁都不可能完全按照平均值和参考值长大吧！就好像天气，有时晴朗，有时多云，有时下雨，有时下雪……要是一直都是晴天，那才是“异常天气”。发育稍微晚一些的孩子也会渐渐地发生成长变化的，只不过，有的孩子发育得慢些，有的孩子发育得快些。

有的孩子一开始发育得比较慢，后来可能一下子就追上来了。但如果在他追上来之前，父母就认为“这孩子真没用”，那很可能就把孩子追上来的可能性毁掉了。其实，发育稍慢的孩子有很多。而且就算是发育很快的孩子，也有可能只是一开始快而已。从漫长的人生来看，孩子小时候发育得是快是慢，几乎没有任何意义。所以，虽然书上告诉我们一些关于发育的参考值，但孩子的成长进度和参考值稍有出入也不要惊慌失措。不过作为父母，在一定程度上为孩子欣喜或担忧，也是很正常的。

如果还是很担心的话，可以与专家聊一聊。如果是真正的专家，我想他会对你说："这么一点儿差异而已，不用担心。"骗子专家倒可能会说："和参考值不一样，你家孩子肯定有问题！"这可真是害人不浅。

我的
回答和思考

Q&A
こころの子育て
―誕生から思春期までの48章

第 三 部 分

小学期，
好父母守住悠然心境

面对幼苗，注意别揠苗助长。

家长们总会容易太过心急，明明知道要用长远的眼光看问题，却总想把孩子塞进确定的形状里，只让孩子去做那些早已经知道答案的、确确实实的事，这样只会把孩子的人生塞到所有人的最大公约数里面而已。

20

都说“表扬孩子很重要”，可我不擅长，怎么办？

试着说出自家孩子的五个优点吧！

日本人不擅长表扬他人，还总会担心表扬多了的话孩子会得意忘形。不过我认为，孩子不会因为被表扬就得意忘形的。请放心地去相信孩子吧，不相信孩子其实就是不相信自己。

直到今天，日本人对于“自我”这个概念都不太清楚，比起“自我”更信赖“世俗”。由于人们与社会紧密结合在一起，并因此而安心，所以如果突然被问到“别管世俗如何，你自己是怎么想的？”，就不知道该怎么回答了。

虽然表扬孩子很重要，但人们常常有个误区，就是为了表扬而说谎，或者只是说些套话。这其实根本没有必要，因为无论是谎言还是套话，说的时候都没有真心，孩子根本不吃这一套。其实把心里真正的想法传达出来就足够了，尤其在重要关头更是如此。

用谎言和套话糊弄过去，只有在成年人之间才行得通。然而，越是柔弱、容易受伤的人，越是能敏感地感受到其他人的心情。举个简单的例子，比如你生病了，有时只要看看医生的脸色，就能明白病情的严重程度。同样的道理，虽然孩子比成年人弱小得多，但敏感的他们也能很清楚地猜到成年人的心情。当然，要是比起父母对孩子忽视不管或是一天到晚恶语相加，说谎来表扬孩子也算好事。

如果你真心地想夸奖孩子的话，那就需要花点儿心思。比如学校的一个班级里有 30 个学生，要想把每个人都表扬一遍，那可相当不容易。而要想让孩子因为得到夸奖而高兴，就必须说出能让孩子“嗯”地点头接受的话来，所以绝不能对每个人都说一样的“你做得真棒啊！真聪明”。表扬孩子真的是要耗费很多能量的。

我听过一件好笑的事。有个小学老师让孩子们“写出自己的五个优点”，结果没有一个孩子能立刻写出来。当孩子们想写自己的优点时，却发现只能想起缺点，比如不好好学习、不听话一类的。

“不是写这些，是要写优点啊。你们回家去问问大人吧，问问你们的妈妈就能知道自己的优点了。”老师把这件事当作家庭作业留给了孩子们。没想到孩子回家问妈妈之后，几乎都被妈妈教训了一顿。比如“你说什么呢，你的优点还能有五个？”“你可真是个好孩子，还努力学习呢？”“想什么美事呢，还不赶紧反省一下自己！”结果孩子们听了都哭了。这位老师认真听了所有孩子的讲述，在家长会上对家长们讲了这件事，家长们都不好意思地笑起来。

就算是成年人，被问到“说出你自己的五个优点”，也会不知所措吧。明明是要说优点，却满脑子都是自己的缺点。张嘴就能说出自己五个优点的日本人，基本上都是在公司和邻里间评价不好的人。但如果是美国人的话，非常容易就可以立刻说出自己的五个优点。

现实情况就是如此，所以你可以时不时地畅想一下：“要不试着说说我家孩子的五个优点吧！”这时，如果有人不是说“我家孩子数学得了多少分”，而是能说出“我家孩子笑容很可爱”，那真的很了不起。孩子的笑容是没法用标准来衡量的，如果父母能准确地把这一点指出来，可真太棒了。反过来，要是父母觉得“书里写过可以这么夸奖孩子，那我就这么说好了”，那可不行。其实不管是初中生还是高中生，事情进展顺利的时候，都会有很可爱的笑容吧。

每个孩子的笑容都有不同的可爱之处，没有办法用名次衡量。说一句“真好啊”，就可以表示赞扬了。这是绝对不会被别人抢走的，也是无可替代的。如果是像学校的成绩那样可以用标准来衡量的东西，就算好不容易得了第一名，稍微放松就可能会变成第五名、第十名，这种表扬一下子就会被别人抢走了。

21

为什么孩子十岁了，又变得不愿意一个人睡觉了呢？

自立总是伴随着不安的，孩子是在确认父母还是不是自己的后盾。

在孩子逐渐自立的过程中，十岁也是一个非常重要的关键节点。所谓自立，就是“自己一个人站起来”的意思，说起来很酷，但换个角度说，“自己一个人”是让人非常不安的。到了十岁左右，孩子会开始思考“我是什么”这样的问题，所以经常会有不安感袭来。

明明在十岁之前自己一个人睡觉没什么问题，可到了十多岁，忽然说：“想和妈妈一起睡觉！”“夜里一个人去厕所好吓人！”这时，父母不要说：“你这孩子，以前一直都没事的，现在突然说什么呢！”而是半开玩笑地说：“哦，是嘛。”陪孩子一起去上厕所就好了。这样一来，孩子很快就能克服这个问题了。其实是因为孩子确认了妈妈是自己的后盾之后，就可以安心地走向下一阶段了。

这时如果父母说“这孩子说什么呢”，孩子的焦虑不安会急剧增加，甚至可能会像成年人一样，患上强迫症、不洁恐怖症或者尖端恐怖症等。所谓不洁恐怖症就是，不停地洗手或者其他部位，可不管怎么洗，仍然感觉不干净。也有人没法触碰门把手、电车吊环这些东西。而所谓尖端恐怖症，比如说翻书页的时候，会感觉纸的尖角要戳到眼睛了，因此怕得没法学习。

要是这些都没法告诉父母，孩子也许表面上看起来没什么，成绩却一落千丈。如果这时父母能意识到孩子有点不太对劲儿，到我这里来求助、咨询的话，孩子就会把这些情况都一一解释给父母听，父母再陪着孩子玩一会儿，孩子很快就能恢复平静了。

孩子有时可能没法很好地把自己的焦虑不安转换成语言表达出来，也绝对不会说“我的内心很空虚”这种话。所以，焦虑不安会化作各种症状表现出来，如之前章节说过的抽搐症状等。

这个时期也会有孩子开始“梦游”，也就是无意识间半夜起床走来走去的现象。有一个十岁的小女孩，她的父母认为必须让孩子自立，于是就把她安排在离父母很远的一个房间，让她自己睡觉。结果从某一天开始，小女孩半夜总是离开自己的房间，走到父母的房间里来，围着父母转来转去，过一会儿才会回到自己的房间，继续睡觉。到了第二天早上，她自己却什么都不记得了。

“太吓人了！”父母到我这里来咨询时说。我解释道：“孩子在十岁左右，伴随着自立会出现一些焦虑不安的情绪。”并建议：“让孩子在那么远的地方一个人睡太可怜了，不如换成在你们卧室旁边的房间吧，让她能稍微听到爸爸妈妈的声音，等度过了这段焦虑不安的时期之后，可以再让孩子回到之前的房间去。”他们听从了我的建议，后来孩子就好了。

成为父母之后，很容易以为孩子的成长会像直线一样，永远处于上升趋势。一想到接下来会怎么样的时候，总认为只会比以前更进步。可实际上，孩子的成长是呈“之”字形的，往下走走又上去，往上走走又下去，不会永远是一个趋势。

当孩子的成长在“之”字形折线中出现下降的时候，如果父母能淡定地处理，孩子就活得比较轻松。不过话虽如此，要是父母以一副“走下坡路也无所谓”的态度放任自流可不行。必须认真地注意到孩子的变化，只不过不要小题大做。

当然，这也涉及学校的问题。大家一般都觉得小学一年级、二年级和五年级、六年级的孩子比较难教，所以一般都让老练有经验的教师做班主任。这样一来，就经常会让新上任的老师负责三四年级。可这两个年级的孩子正是十岁左右开始自立的年纪，会发生各种事情，而老师却没有足够的能力应对。因此，我觉得有必要让年级主任了解这个问题，或者与年轻的老师聊聊这个问题的重要性。

当然了，也有的孩子在十岁左右并不会出现我所说的这些问题。要是以为所有孩子都会这样，也是不对的。

不过不管怎样，对孩子的成长来说，十岁都是一个非常重要的关键节点。

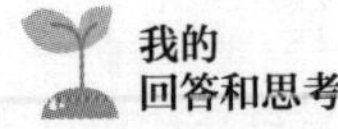
我的
回答和思考

22

为什么孩子到了四年级，画的画变得乏味起来了？

是“自我”觉醒，尝试模仿成年人的时期。

孩子意识到“自我”，正是十岁左右的时候。有人特意对此做了一项研究，调查人类到底是什么时候开始意识到“有‘我’的存在”“‘我’是一个人”这样的概念性问题，并将其命名为“自我体验”。

成年人基本都会说是在青春期开始意识到“自我”的，可十六七岁的学生们多数会说是十岁左右的时候。看起来是成年人大多已经忘记了当年的体验，想当然地以为是青春期才意识到“自我”的。但调查发现，十岁才是产生自我体验的重要节点。

自己去上学，自己的事情自己做，这种自立程度基本在刚上小学的时候就能做到了，不过这个时期的孩子还是在按照父母的安排生活。而到了十岁左右，就会出现另一种“自立”，也就是开始思考“自我”了。

也有些孩子没有意识到十岁左右的这些自我体验，我也不清楚意识到这个体验的孩子占多少百分比。不过就像前文所说的，这个时期的焦虑不安会加剧，甚至有孩子会像成年人一样出现神经症症状。所以我认为，十岁的确是孩子迈向成年人的成长过程中的重要一环。

意识到自我体验的契机常常是这些时候：“被朋友孤立了”“回到家的时候，平时都在家的妈妈却不在”“家人都出门了，只剩自己一个人”。此时孩子会感觉到很强烈的孤独和不安。但总有一天都要体验到这种感受的，所以没法避免。而且从某种意义上来说，这也是一件好事。因为正是在这样的时刻，孩子第一次感受到“原来如此，‘我’是一个人，独自地存在于世界上”，这是非常了不起的体验。

也有孩子在观察自然时感受到了自我。“在如此美丽的大自然里，有‘我’一个人”，正是有了这样的想法之后，孩子才第一次真正感受到大自然的魅力。所以年纪比较小的孩子不太会说大自然很美丽这种话。因为只有意识到了自我，获得了自我体验之后，才能把大自然作为对象，感受到“夕阳真美”的自然魅力。这就是十岁左右时开始发生的事。

理解了自己的存在之后，就开始理解外在的现实。所以对孩子来说，探索现实就变得有趣起来。这个过程的表现之一就是孩子特别想模仿大人。所以，画出的画和写出的文章都有着大人的痕迹。因此以前的种种童趣，就逐渐消失了。

这时如果要求孩子“像以前一样，画有趣的画，写有趣的文章”，实在是不讲道理。因为尽管成年人看来无趣，但对孩子来说可是全新的体验，是非常有意思的。所以，当孩子开始模仿大人的时候，就让他使劲去模仿好了，没必要特意阻止。

而到了小学五六年级的时候，孩子开始出现旺盛的求知欲。他们会查各种资料，记住一大堆东西，尤其是男孩表现得更明显。他们要是喜欢上了足球，就会把球员的名字、号码、所属球队等全都背下来，或者像车站的站名之类的，他们也都能背下来。有些孩子则知道历史，也有些孩子理科成绩特别优秀，这时父母不要说“记住站名有什么用”这种话，而要允许孩子怀着玩心满足自己的求知欲，这是非常重要的事情。

人的机械记忆力在这一时期会达到顶峰，只要是有兴趣的东西，什么都能记得住。父母如果也能表现出兴趣，不断鼓励孩子，孩子就可以更有干劲儿地一直记下去。要是父母很佩服地说：“你还知道这个？”孩子就会很高兴地跟你说：“我还知道那个呢！”

有些孩子在这一时期会迷上将棋①、百人一首②、扑克、麻将等。如果适当培养，说不定会成为一个高手呢！

说着说着，马上就要到青春期了。青春期即将到来之前的十二三岁也是十分有趣的。

我的
回答和思考

① 使用将棋盘，由两人进行的对弈。双方各摆20枚棋子，轮流走棋，以将死对方的王将为胜。——译者注

②《小仓百人一首》是从100个歌人的作品中每人选取一首佳作汇编而成的日本和歌集。此处是指将其印在纸牌上，使用纸牌进行的一种游戏。——译者注

23

为什么孩子想养动物呢？

因为比起父母，动物的生活方式更自由。

有很多孩子都想养小动物，毕竟电子宠物、精灵宝可梦都不是真正的动物呀，而狗、猫、金丝雀、仓鼠……这些动物更让孩子喜爱。

而说到喜欢的原因，可能是动物能随心所欲地活着，孩子非常能感同身受吧！在孩子看来，比起父母，动物们的生活更自由、更棒。

举例来说，如果家里养了一只小狗，全家人聚在一起看着它，家庭氛围肯定会大不相同。小狗做了趣事，全家人会一起哄堂大笑；而且小狗也挺聪明的，绝对不会靠近讨厌的家伙。所以家中话题就不再是说教式的，反而会变成以自由自在的小狗为中心，气氛也变得柔和起来。

所以，也不难理解为什么很多小孩子都想养宠物吧！因为有了这些宠物，生活会发生很多有趣的事啊！

有所小学转来了一个患有选择性缄默症的孩子，他在学校里完全不开口说话。这时恰好班里的同学捡回了一只乌龟，这个不说话的孩子经常照顾它。过了一阵儿，乌龟忽然不见了，怎么都找不到。结果不说话的孩子大喊道："我的乌龟不见了！"以此为契机，后来他在学校里也可以正常地开口说话了。

有所学校里养着山羊，我问那里的老师："为什么养山羊呢？"他回答道："多亏山羊我们这才没有不来上学的孩子。"孩子们因为想看山羊，所以每天都来学校上学。而且还有很多孩子都喜欢跟山羊说话聊天儿，因为山羊似乎比大人更愿意听孩子们说话。现在养兔子等宠物的学校也渐渐增加了，也是因为看到了这一点吧。

当然也有一种情况，就是孩子在养宠物之前信誓旦旦地下决心"我一定会照顾好它的"，结果什么也不做，只得由家长来照顾这些宠物。

其实我们人类也是动物，从某个角度来说，像动物一样自然地与孩子相处就好了。可是我们这些现代人都忘了这一点。跟孩子一起囫囵着躺下，这比讲什么复杂的大道理都强得多。但是那样的话，就会被母亲说："孩子他爸，有工夫在那儿躺着，不如给孩子读读绘本去。"读绘本当然不错，但有时候，一起闲躺着也挺好的。大家总是在不重要的地方争着要当好父母，花了很多没用的努力。

虽然社会上经常说什么必须做好爸爸、好妈妈，但到底什么叫“好”呢？与其想这些，不如就按照你内在的感受，做你自己认定的好爸爸、好妈妈。可是我们连这也做不到，因为现代人总习惯优先用头脑来思考问题。

说来说去，其实如果像动物那样自然地养育，基本就没有什么问题。只要人类不用奇怪的方式去干预就好，要知道动物可不会患上神经症。只要在大自然里，自然地生活的话，就不会出现什么心理问题。

不过，人类的特点就是做违反自然的事啊。也正因为做着违反自然的事，才一步一步构建了今天的文明。不过发展到现在，人类把动物的直觉都忘得差不多了。抚养婴儿的时候，本就没有什么定时喂奶的事，孩子哭了就喂奶吃，不哭就不用喂他，这样自然地去做就好了。也没听说过有按照规定时间喂奶的猴妈妈吧！

另外，要是放到过去，生下来太虚弱的孩子是没法活下来的，不过现在，先进的医疗技术可以把他们救活。在这一点上，现代社会比过去要好得多。可相对的是，健康的婴儿生下来也要离开母亲，被放在专用的婴儿床里。其实让孩子跟母亲一起睡也没关系的吧！

现在的科学技术发展迅猛，一方面很多孩子得以被科学保护、救助；另一方面的代价是，那些无须额外保护的健康孩子却因为科学被母亲疏远了。关于这一点，我希望人们能从全人类的生活方式的角度再重新思考一下。

文明的发展，自然科学的飞跃发展，给了我们大量的帮助，但我们也不需要过分地依靠这些帮助，因为这也让我们的直觉变得越发迟钝起来。

我的
回答和思考

24

什么时候让孩子有自己的房间比较好？

用“我家的宪法”来决定孩子“几岁有自己的房间”。

我觉得，日本人给孩子独立房间的时间有些早。

只有当一个人可以自律并约束自我之后，才可以拥有作为私人城堡的独立房间。如果孩子还没做到自律就给他独立房间的话，经常会出现问题。我认为在孩子还小的时候，不论平时学习还是晚上睡觉，都让他和家人们在一起更好。在这个时期里，“与家人一起”的经验是非常重要的。

比如：可以告诉孩子能在爸爸妈妈身边睡到多大；或者当孩子上了小学几年级后，父母就对他说：“从此以后你就去二楼睡觉。”“在咱们家，成了中学生就可以有自己的房间了。”按自己家的状况，各自决定家中的制度就好。如此一来，孩子自己也会形成自觉。重要的是，父母要在家里给孩子确立一些成长的关键节点。

由于日本向西方学习，引入了“个人”这个概念，因而我拿欧美的情况做了许多参考。不过在欧美，即使给了孩子独立房间，家里也还会有许多细节上的规定。比如，不到一定年龄不会给孩子钥匙，母亲都可以不敲门进入孩子的房间等。通常孩子是不会拿到房间钥匙的。小说或者电影里也会时不时地出现父母对孩子说：“等你到了 15 岁我就给你钥匙，但只要没什么事就不要锁门。”“你已经是大学生了，所以以后就没有压岁钱了。”“你已经 16 岁了，圣诞老人以后不会来给你送礼物了。”这种家庭独特的规矩或者仪式，是非常重要的。

正是因为家里有了这些规矩，才能帮孩子划分出阶段。孩子一步一步地成长，逐渐会产生“我是大人了”的感觉。而这种感觉在当今的日本，不免太缺乏了，因为社会原本的规矩在逐渐失去意义，所以很有必要一家人一起来思考、制定自己家的规矩。我称之为各个家庭要“制定我家的法规”，这是家庭的革命。

阿斯特丽德·林格伦（Astrid Lindgren）的儿童文学《吵闹村的孩子》（*Bullerby Children*）里写到，父母决定在女儿过生日的时候，把一个房间作为礼物送给她。父亲把之前一直作为储物间的房间打扫干净，甚至连桌椅都是亲手打造的。全家人齐心协力不让女孩察觉到这个生日惊喜。到了生日当天早晨，大家蒙上女孩的眼睛，把她带到了那个房间里。女孩当然非常高兴，而且这件事成了家庭的一大乐事。他们正是用这种形式，创建着家庭中的成长纪念日。

当今日本的便利成了灾害，父母们好像都觉得，根本用不着花心思，花钱搞定更显得聪明。的确，像桌子、椅子这些东西，买来的可能比手工做的要好。可是对于人际关系来说，那些在相处过程中投入的能量才是最重要的。

日本过去的时候，即使只是吃一块槲叶糕[①]也有着特别的故事。“五月五日槲叶糕，怎么样，和爸爸一起去摘槲树叶子吧！”父亲带孩子上山，用一起摘回来的叶子包黏糕吃。这样一来吃槲叶糕这件事就变得很有意义了。如果你说现在附近没有山可以爬了，那么也可以说：“好，我们一起去买槲叶糕吃吧！”然后父亲与孩子手牵手去买，似乎槲叶糕也会变得更美味了。其实啊，也许是因为走了路，肚子饿了，所以才感觉食物变得更好吃了。而且和父亲一起走路的时候，父子之间的关系会更进一步，这也要感激小小的槲叶糕吧。父母像这样在细节处用心是很有必要的，可能因为这件小事家里就多了个节日。

战后的日本社会把规矩、仪式等这些重要的东西全都破坏掉了，认为学习就是一切，可关于家人之间如何建立关系、如何相处等问题都没有教给我们。“法国大革命的日期”倒是教了，可自己的家庭中的革命该怎么办，却一点儿都没教。

① 用槲树叶包起的豆馅黏糕，五月五日的节日时上供用。——译者注

在过去，即便父母不帮孩子制定成长过程的关键节点，可至少也有青年宿[①]这样的地方存在，社会也会制定出成长节点。所谓青年宿，就是元服[②]前的年轻人们聚在一起，在那里互相吵吵架，打打闹闹，做些捣乱出格的事的地方。但是，现在社会的成长节点没有了，父母和孩子必须共同商量计划了。而且现在都是核心家庭了，这就意味着父母的负担也大大增加了。对于要不要给孩子零花钱、到了小学涨多少等问题也一样，必须由父母去制定自己家庭的“宪法”。

要制定各自家庭的“宪法”，跟孩子商量着进行家庭“革命”。

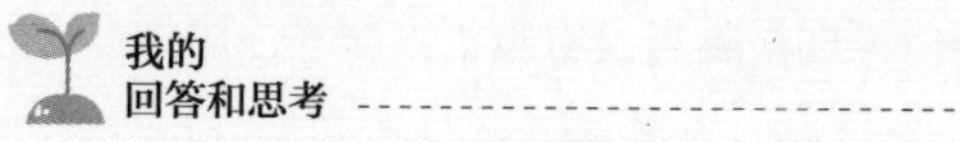

① 青年宿，年轻人的聚会场所，是保留青年团习俗的时代产物。——译者注
② 元服，日本古时男子的成人仪式，改梳成人发型，改穿成人服装，戴冠，并改幼名。——译者注

25

我不知道作为父亲该如何与孩子相处，怎么办？

平时是“完整的自己”，生气的时候要学会“雷转晴”。

有的爸爸工作繁忙，只能偶尔在周日和孩子一起玩，但这不是最大的问题，最大的问题在于爸爸是不是真的觉得有意思，是不是真的喜欢。有人正和孩子一起玩着，却被孩子问：“爸爸，你真的觉得好玩吗？反正我觉得没什么意思……”说不定啊，其实是孩子关心着爸爸，陪大人玩呢。也有的孩子到了中学生的年纪，会说：“再也不想跟爸爸玩了。”

用头脑琢磨着“必须陪孩子玩”，因此不得不做“家庭服务”，孩子可受不了。家庭不需要你做什么服务，觉得有趣就一起玩，觉得没意思就不玩了也没关系。说什么“我今天和孩子玩了几小时”，变成单纯地计算数字，可就不妙了。

而有些爸爸没有特意和孩子一起玩，也能跟孩子相处得很好。爸爸做着自己喜欢的事，虽然没有和孩子玩耍，但孩子也许正在一边看着老爹专注的样子呢。不要想什么“家庭服务”，最重要的是父亲能自然地把完整的自己展现出来。这样的父亲很有自信，因此孩子即便稍微有些失败，也不会发脾气。

其实孩子对父亲的事是很好奇的。有意思的是，如果对方能在自己面前完全展现自我，那么就算对方出现些许失败，我们也会想“哎，没事的”。但对于没能向孩子展现完整自我的父亲来说，如果青春期的孩子叛逆起来，就很棘手了，甚至像是革命一样。孩子问：“爸爸怎么想？”结果父亲答道：“嗯……是啊，那大家都怎么想呢？”这相当于“砰”地给了孩子一拳，让孩子很失望。孩子其实很想知道“完整的父亲”是什么样的。

这种时刻，很多人会借着“必须尊重孩子的想法”来逃避这个问题。但是所谓民主，应当是“孩子想说什么就说什么，我也会说出自己的想法”，即尊重每个人的自由意志。所以，不只是孩子的自由意志，父母的自由意志也必须尊重。从没听说过为了尊重孩子的自由意志，而父母要压抑忍耐的民主。曾经有位父亲对我说：“现在是民主的时代了，所以我按照孩子的想法行事。”而我回答道：“那根本不是什么民主，被民主隔离了的人就是你。”这位父亲完全没有说出自己的想法和意见，没有做“完整的父亲”。

如果孩子在外面疯不回家，搞得母亲躲起来偷偷哭，就应该直说出来：“我不知道你在外面玩得多开心，但你妈却因为你伤心地偷偷哭。”这样孩子可能就会说：“你话说得好听，你不也自顾自地工作吗？”然后问题就变成了父亲是怎么考虑这个问题的，进而成了全家人一起的讨论。这种时候，父亲认真地讲出自己的想法是非常重要的。

而且，一个人如果不能展现完全的自我，那么生气的时候也怎么都没法释怀，把自己卡在一个不上不下的状态，总是表现出一副不顺心的样子，遇见什么事都啰啰唆唆地发牢骚，就像是隐约发出轰隆的声音却总也落不下来的雷似的。等到淅淅沥沥地下起雨来，周围人也只会觉得“反正也不可能真的打雷”。但真正的雷可不是这样的，虽然“轰”的一声很吓人，可打完雷之后就是晴天了。雷转晴，这可是很重要的。

在日本的传统文化里，基本不是父亲“打雷”。虽然有“雷暴老爹”的说法，但基本上都不是指父亲。过去，父亲忙着在地里干活，负责对孩子“轰”的一声“打雷”的是家里的爷爷，或是邻居家的大叔。像这样，总有人扮演“雷暴老爹”的角色，就很好地分担了管教孩子的工作。

如果父亲冷不丁地扔出一句话，并且孩子真能听进去的话，孩子会高兴地感叹：“第一次见到你这样的老爸！”当然了，教育这件事也不是一劳永逸的。就算是棒球也有九局比赛呢，而且有时还会有延长局。所以不用想着一次就可以完美地解决问题，边失败边前进吧！

我的
回答和思考 --

26

孩子不去上学，到底是怎么了？

难得不去上学，不如当这是“机会”好了。

孩子不去学校上学，这可是个大事，所以一般家长都会很担心。不过大部分的情况下，只要用心对待，就算多花些时间，孩子最终也能毕业的，不用过于担心。

在不能去上学的初中生或者高中生里，也有极个别孩子罹患精神疾病，所以不能一概而论。不过一般来说，他们大都只是比别人稍迟一些，最后也能做得不错。如果自己的孩子比一般孩子晚上学三年，那假设其他孩子活到八十岁，自己的孩子能活到八十三岁，那不就扯平了嘛！用这样的心情去对待就行了。

当然，话虽这么说，但不去上学的孩子们其实自己心里也是很纠结的。可这时要是父母却轻描淡写地说："学校啊，不想去的话就算了。"孩子一定会很失望，因为父母并没有认真地考虑这件事。所以父母还是不要说什么"不去就算了"这种话，而需要仔细思考："为什么我家孩子不去学校呢？""不去好呢？还是去好呢？"很多事情其实并没有现成的答案，也没有什么正解，还需要结合自身情况好好考虑。

有时父母会判断"那所学校的规章制度不好，老师也不行，不去也罢。"这种决定不是不可以，但是问题就在于，父母是不是在真正花了心思打听各种事情之后才做出的决定。如果父母能够认真地为孩子的烦恼而烦恼，那么孩子就会很满足。"既然如此，那就暂时先这样，再看看情况吧！"这样说就可以了。要是只用头脑和道理来思考，说"不去上学也罢""都是某某不好"，孩子会很失望的。

如果遇到孩子确实已经不去上学了的状况，可以先观察一阵。如果过了很长时间，孩子还一直不去学校的话，还是找专家咨询一下比较好。不过，现在不去上学的孩子有各种不同的情况，解决起来并不容易。比如有的孩子只是单纯偷懒，不去学校，所以没法简单地一概而论。况且现在"不登校"[①]这个词这么流行，有些孩子也会想模仿、尝试一下。

① 日语词汇，指幼童或者学生不去上学的状态。——译者注

也有的孩子并不是拒绝上学，而是早晨起不来。就算是同胞兄弟，有的孩子早晨可以麻利地起床活动，而有的孩子就要花很长时间。而这些孩子当中，有不少都是因为低血压而起床困难。低血压的人在早晨只能慢慢地活动，快不起来。所以不要不分青红皂白地说："就知道赖床，你真没用！"而应该带孩子去看看医生。知道了孩子是低血压后，可以调整一下对待孩子的方式，比如可以对孩子说："早晨再早一些叫你起床吧！"或者与孩子商量："似乎你就是属于这种类型的，那么咱们怎么做更好呢？"

另外，当孩子到了青春期，就会有很多家长来求助："孩子倒是去学校，但不好好学习。这该怎么办啊？"我想这是因为在孩子小的时候，父母没教给他学习的有趣之处，总是把学习当成任务，让孩子觉得学习是"尽管讨厌但不得不做"的事，没能培养出真正意义上的好奇心来。

更可怜的一种情况是，因为只有成绩好才能被表扬和认可，所以孩子只是为了被表扬而学习。家里没意思，学校也没意思，什么都没意思，只有靠学习好才能得到一些表扬，因此就发了疯地学习，拼命想考高分。

这样的孩子如果一直都是优等生还好，可一旦受到挫折，后果就会很严重。父母什么都不管，只会说"你努力我们就很放心"，然后把所有压力都推给孩子，总有一天会因为吃了大亏而倍受打击。何况"一直都是优等生"根本就不可能，孩子在成长中总会遭受某些挫折，从而不想学习，成绩下滑。在孩子受到打击的时候，能在多大程度上宽容和谅解孩子，对于父母来说真的是难题吧。

因此，父母一定要在孩子还小的时候，让他能自己发现“我喜欢这个”。如果认为只要肯学习就行了，不跟孩子说:“你喜欢什么呢？”总有一天孩子会在什么地方栽跟头的。

孩子准备走什么样的人生之路？他们喜欢什么呢？从孩子的角度来思考这些事，真的非常重要。

27

孩子在学校受欺负了，我该怎么应对呢？

必要的是，冷静的判断和绝对不让步的坚决。

孩子在学校被欺负真的是非常难以解决的问题。最近这段时间，说起与学校有关的问题，基本上就是孩子受欺负和孩子不上学的事情。但由于孩子受欺负的问题牵扯到的相关人员更多，甚至有时会造成被欺负学生自杀的惨剧，是人命关天的大事，所以情况非常严峻。

考虑这个问题的时候，父性原理就显得尤为重要了。在这种情况下的父性原理就是指，冷静的判断和毅然决然的行动。因为自己孩子的生命可能正面临着威胁，所以必须保护自己的孩子。

当知道自己的孩子在学校受欺负的时候，必须判断该去找谁说、怎么说。是去找实施欺负的孩子的家长，还是找老师？同时，态度必须坚决和强硬。既不能被愤怒冲昏头脑而上门大声责骂，也不能为了避免对方生气而把话说得含含糊糊。面对老师、对方的孩子和家长，必须用坚决不让步的强硬态度，清楚地说明事实。而说了之后，也要考虑对方的反应和态度。

有的家长，一听到孩子被欺负的事就张皇失措，或者怒不可遏，甚至会把这份愤怒冲着孩子发泄，对着孩子大发雷霆："都怪你没用！"而更让父母难受的是，孩子受了欺负却不跟自己说。所以当孩子对自己说出来的时候，一定要先表示"你能说出来，我很欣慰"，然后认真地听到底发生了什么，弄清楚状况。在了解情况之后，再做出相应的决定是非常重要的。

有的人刚听孩子说了一半就说"我知道了"，而且愤怒地去别人那里兴师问罪。可是因为只听了一半话，所以当被质问、被反击时哑口无言，反而把情况弄得越发不好处理了。总之要先仔细听孩子怎么说，这才是首要的事。只要认真听完孩子的讲述，就会明白整体的情况。在明白了整体状况之后也有可能发现，孩子被霸凌的状况并不严重，那么可以跟孩子好好谈谈："爸爸也觉得你特别不容易，你觉得该怎么办呢？"鼓励孩子自己努力想办法解决问题。

当孩子被欺负的时候，惊慌失措地想着"都是我教养方式不好"是没什么用的。被欺负这种事，有时候像台风一样，真的不知道会吹到哪里。尤其是青春期的孩子，常常是大家想着"搞点什么事吧"，从而开始欺负别人。有时并不是被当作欺负目标的孩子做错了什么。在想“凭什么我家孩子被欺负，弄不明白”“这是个大问题”之前，必须先防止欺负行为变得更加严重。不过反思一下自己的教养方式，想出“这样做就好了”的措施也是可以的。

在日本，在自主自立的家庭气氛里长大的孩子更容易成为欺负的对象，我就接到过很多这样的求助。在这样的家庭里，家长会让孩子自由地说出各种意见，所以孩子在学校里也会说出自己的意见。可如果和大家的想法都不一样的话，就会被人认为“那家伙真傲慢”。在日本，只要是观点稍有不同，往往就容易被欺负。出现这种情况并不是父母的教养方式有问题，只是和日本的文化发生冲突罢了。不过，我在这里抱怨“日本文化不好”，也不是什么好办法。

也有可能出现相反的情况，譬如突然有人上门说：“你们家的孩子在欺负我家的孩子。”这种时候，我认为最重要的是不着急地、冷静地对话。不要生气大吼：“没那种事，你说什么呢！”双方冷静地商量讨论后，基本都可以达成一致意见，“原来如此，那就这么办吧”，从而找出解决方法。

因为欺负事件中有可能会把被欺负的孩子逼到自杀的境地，所以如果自家的孩子真的做了这样的事，父母必须用严厉的态度明明白白地说禁止这样的事情再次发生。

无论是欺负别人的孩子，还是被欺负的孩子，从欺负之中摆脱的时候都需要“心与心的联结”。尤其是当被欺负的孩子寻求帮助的时候，这种联结就像救生索一样重要。自己和孩子是用什么样的方式联结的呢？重要的是从平时就开始考虑这个问题。

我的
回答和思考

28

“个性”“有个性地活着”到底是什么意思？

就是赌在那些没有确定性、无法用数字表达的事上。

如果要充满个性地活着，那就意味着有时要赌一些不知是真是假的东西。换句话说，有的时候就是要将人生赌在幻想的世界里。

随着生活变得越来越便利，人们开始觉得“按下按钮就立刻运行”“在自动贩卖机里放入 120 日元就会出来罐装果汁”这样实实在在的东西才是正确的，觉得只要知道更多这样便利、实际的东西，人生就会一帆风顺。可是个性这种东西并不是这样的。整天只做这些充满确定性的事情，根本就没法儿活出“自我”。

人是什么？我们好像在一定程度上知道答案，可认真思考的话，会发现其实我们也没有那么懂吧？而个性正是存在于我们不知道的部分里。如果只做绝对确定的事的话，那就等于只在熟悉的圈子里活着，个性也就无从谈起。

所以不是“我知道放入120日元就会出来罐装果汁，所以放钱进去”，而是“就算放入120日元后可能什么都出不来，我也偏要放进去试试”，这才有意思。这时“就要赌120日元能不能出来果汁”这件事，只有“我”能做到。也就是说，这种“赌上一把”的做事方式正是个性。有个性的人在人生中无数次地做着类似的事。有时会出现什么，有时什么也不会发生，正是在这样的过程中一点点历练和成长。而且面对变化无常的人生该怎么反应，也是这个人的个性所在。所以充满个性地活着这件事，其实是个了不起的大事业，也是人生最有意思的地方。

所以，认同孩子的个性其实是非常不容易的。一到了孩子的事上，家长们总会容易太过心急。明明知道要用长远的眼光看问题，但眼前却总想把孩子塞进确定的形状里。养育孩子其实也是一样的。有的家长想着为了孩子好，只让孩子去做那些早已经知道答案的、确确实实的事，这样的家长只会把孩子的人生塞到所有人的最大公约数里面而已，孩子的个性也会一直被压制下去。人们虽然嘴上都说着“重视个性”，可却没有能看到孩子个性的慧眼。

而且，个性是没办法换算成数字来衡量的。在学校里学习怎么样、擅长哪些科目，这些都可以用数字表示，简单明了。但是“我家孩子很温柔”这种事，没有办法用分数证明，但能说出口的都是对此很有自信的人。如果能干脆利落地用这种没法用数字表明的事情来评价孩子，亲子关系一定是很棒的。其实换个角度说，这也是父母对于自己的孩子自豪的表现。

假如父母自己也想要有个性地活着，但若不理解孩子的个性是什么，那可就说不上个性了。也就是说，如果自己真的想要有个性地活着的话，也必须殚精竭虑地思考孩子的个性。在这一点上，其实人们多少都在偷懒，所以对活出“自我”这件事莫名地感到内疚。父母想着：“我自己喜欢的事，这样好吗？”然后“这样好吗”的疑惑就会传达给孩子，孩子会反击道：“你可以那么随心所欲吗？”如果父母真的活出了自我，也懂得孩子的个性的话，就可以轻快地回答出:“当然可以！”不过在日本想要活出自我，真是一件非常难的事。因为日本人自古以来就有着压抑自我的历史，近年来才突然改变了，所以活出自己可绝非易事。

我在《孩子与恶》中写了一个故事，作家田边圣子女士在她的学生时代曾因偷窃的冲动而烦恼。她说“只在有钱的时候”想要顺手牵羊，那么肯定不是经济上的原因。当她开始写“模仿小说的东西”的时候，这种冲动就突然消失了。因为在把自己内部的东西表达出来之前，想要把外部的东西全都摄入到自己内部的潜在心理需求会很强烈，强烈到以偷窃的形式表现出来了。

不管怎么说，偷窃有罪，应该绝对禁止。但个性有时就会以坏事的形式显现出来。大人认为“坏”的事情，孩子却敢做，并以此彰显“我可没像大人说的那样活”。对于这些，我们还是事先了解一下为好。

我的回答和思考

29

在孩子青春期之前，我应该事先做些什么？

储蓄“啊！太有意思了”的体验。

对孩子来说，青春期是非常不容易的一个时期。从某种意义上说，如果孩子本身敏感，那么不论父母怎么关注孩子的成长，都会发生点什么。举例来说，如果有个像朱丽叶似的女孩，喜欢上了一个像罗密欧似的男孩，那也没办法，所以不必想什么“我家有问题所以才变成了这样”“我家的做法错了所以才发生这些”。

我认为根本没有“这样做就可以顺利度过青春期”的万全之法。多数情况是，父母并不清楚是怎么回事，等意识到的时候却发现孩子已经顺利度过了青春期。影响青春期能否顺利度过的关键是过去的人际关系，如果等到了青春期才开始发力就晚了。真正发挥作用的，是青春期之前的人际关系的储蓄。

在孩子小时候，当他难得想和父母说说话的时候，父母却没耐心地说："好烦！"然后把孩子晾在一边，和温柔地说："哦？"然后感兴趣地倾听，这两种反应，形成的亲子关系是完全不一样的。正是在这种小事的积累中，关系就逐渐建立了。所以在青春期之前，与孩子在金钱无法衡量，也没法用数字计算的方面好好相处，好好积累，这才是最重要的。亲子之间经历了多少"啊！太有意思了！"的体验，可是用金钱买不到的。

当孩子因为什么事而想去自杀的时候，如果他与父母的关系很好，其实是不会真的去自杀的。因为孩子在某种程度上明白，自己要是死了父母会很难过。当然，天资非凡的孩子要另当别论。天资非凡的孩子，有时就算与父母关系尚可，也可能会选择自杀。因为这样的孩子无论是孤独还是悲伤，都比同龄人更深刻，不容易解决。

青春期的孩子可以尽情向父母倾诉苦恼，能发展出这样的亲子关系就太好了。"万一有什么事一定跟我讲啊"，就算父母嘴上这么说，但如果原本就没有建立这样的关系，那孩子是没法跟父母开口。所以说，在孩子小的时候就建立这样的关系非常重要。

举个例子，如果告诉父母"我在学校被欺负了"，这对于孩子来说其实相当于一种失败，这不就等于承认了自己是"败犬"吗？所以如果孩子不能完全相信"就算失败，父母还是会认可自己"的话，那是不会说的。在孩子说“我被人欺负了，不知道该怎么办”的时候，撇下一句“都怪你自己没用”的父母真是不怎么样。就算没说出“你能说出来我很欣慰”，至少也要说“不管发生什么，不管有多少挫折失败，你都是我们的孩子”。不论孩子怎么失败、落魄，都绝不抛弃，这才是父母与孩子的关系，而打造这样的亲子关系非常重要。

有一些父母绝对不把自己的脆弱、缺点和失败显露给孩子。这样一来，孩子也会认为，脆弱是绝对不能示人的。那么若是孩子被欺负了，也无法对父母说出口。所以我想，父母把自己的脆弱和失败都原原本本地展现给孩子是很重要的。

一位自杀未遂的孩子来到我这里寻求帮助，他说：“我完全没有任何才能，从这个世界上消失是我唯一能做的可以派上用场的事！”我说：“还是不消失比较好啊，活着说不定以后还会发生什么呢。”那孩子说：“哼，老师，您的话真老套。”之后我说：“刚才你说我是大学教授，是很厉害的人，和我比起来你自己什么都算不上。但其实就算是大学教授，在生死的问题上，也只会说些老套的话，这就是人生啊！这是你自己的生死问题，你肯定比我想得更明白，更了解对于自己有意义的东西，不是吗？”那个孩子之后就慢慢恢复了活力。

遇上这种情况，不要想着让对方在嘴上承认“您说的很对”，而是要创造一种“说什么都没关系”的气氛，因为没人能笃定地保证说几句话就能让对方一下子有了生的希望。“为什么必须活着呢？”对于这种话题，除了些老套普通的话也没有其他可以说了。

孩子能平稳度过青春期的那些家庭，靠的就是之前储蓄起来的关系。孩子会想着“我小时候，父母也常陪我一起玩，我也挺幸福的”，怀着这种感激就能够克服种种困难。极少有人真的可以说“我懂青春期的孩子”，或者做到“我能跟青春期的孩子直言不讳地说我想说的话”，不过这也没有关系，因为青春期总归是能度过的。

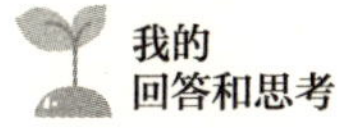

Q&A

こころの子育て

—誕生から思春期

までの48章

第四部分

青春期，接受孩子在对抗中独立

青春期是成年之前的“蛹”期，只有在蛹里经历过痛苦变化，方能化茧成蝶。

这个时期，能量总会变得很强，会出现各种反抗行为。但孩子也正是在反抗父母、否定父母的过程中逐渐成长为大人的。

30

为什么孩子上中学后突然变得沉默寡言了?

因为孩子正经历着无法用语言表达的强烈体验。

有的孩子一上了中学，突然就变得沉默寡言了。我想这并不是因为叛逆，而是孩子此时感受到的东西没法用语言表达。

我们在给青春期的孩子做咨询的时候，常常从一开始就放弃了让孩子跟我们说话的想法。但就算不说话，在一起做飞机模型、用黏土创作的过程中，孩子往往就逐渐地好了起来。在这个年纪，“虽然你没法用语言告诉我，但我能看得出你很辛苦，我明白的。不过，只要能迈过这个坎儿，都会好起来的。”只要孩子身边有个能理解他的人，孩子就会好起来。

过去还只是个小孩子，可一到了青春期，“性”这个因素就开始出现了。青春期其实就是，在自己的体内滋生出孕育下一代的能力，逐渐变成大人的过程。不过，这只是成年人对青春期的解释，孩子本人所体验到的，却好像是什么就要爆炸了，难以名状的东西“哇”地一下到来了。它既是非常美好的，又是极其污秽的；它在自己的身体内蠢蠢欲动，却又不可捉摸……这是一种没法用言语表达的体验，所以变得沉默也是理所当然的。别说孩子了，我也不明白。

所以前来咨询的孩子要是不想做游戏，也不肯做箱庭的话，那除了沉默，我也没有其他办法。不过也可以与孩子零星对话几句。“你怎么啦？”“……在睡呢。”过了一会儿，“你是高中三年级吗？”“……”又过上一会儿，“嗯……是啊……二年级……”“……”大概就是这样的节奏。因为基本上没说成什么话，所以我琢磨他下次肯定不会再来了，可当我问道：“下周你还过来吗？”没想到孩子却说：“来。”过后，孩子的妈妈打来电话，说：“孩子特别高兴！”我问：“为什么呢？”那位妈妈说：“孩子说‘第一次遇到这么懂我话的人’。”

要是单把我们当时的谈话复原来看，其实并没什么意义，但孩子本人却有了被理解的感觉，这反倒是让我很感激。说白了，从始至终我都没有触碰孩子不想被别人触碰的地方。而平时普通人常常并不注意这些，常常一开口就触碰到了禁区。

前阵子我又读了一遍《罗密欧与朱丽叶》，这个青春期的故事太动人了，莎士比亚真了不起啊。14 岁的朱丽叶和罗密欧之间有着纯粹的爱情，可他们周围的人全在说些卑劣下流的玩笑话。不过，这也正是青春期的一个侧面反映：内心既有着对身体性欲的强烈兴趣，也憧憬着如同罗密欧和朱丽叶一般的纯爱，这两者同时存在。而正是因为这两者同时存在着，才会让人纠结得难以忍耐。所以在差不多 14 岁的年纪，会有孩子觉得性会很肮脏，因此甚至开始厌恶自己的身体。他们彻底地厌恶自己，觉得再也没法活下去了，所以写下非常优美的诗句就自杀了。我认为那其实是为了保护自己的纯粹而迫不得已做出的举动。

镰仓时代初期有位叫明惠上人的名僧，他曾说出“十三便已老”，试图自尽。他认为自己在 13 岁已经达到了人生最佳的状态，以后就要长大成人，那就又得从头来过，不如在这个最高点上死去。从某个角度、一定程度上似乎也可以理解这种心情。

人在青春期的时候，能量总会变得很强，若非如此，也没法度过青春期。那些飙车族，恐怕也是除了横冲直撞地四处飙车外，并未想到其他办法吧。这时的孩子们，好像总想跟死亡扯上点关系，因为这是从孩子向大人蜕变的时期，背后其实是“死亡与再生”在发挥作用。不过令人意外的是，青春期到处去飙车的孩子，出事故的倒是没有想象中的多，反倒是骑得有模有样的。但是，等到他们过了这个时期，平静下来，其实会说：“太恐怖了，我再也不做那样的事了。”用拼死的心情去发泄和真的死掉，这两者就隔着一层窗户纸！青春期真的很不容易。

这就好像你在经营一个公司，如果想要扩大公司规模，就必须大刀阔斧地把很多东西彻头彻尾地改变。废掉旧的规章制度，建立新的规章制度；引入与以往完全不同的新机器，代替原来的旧机器，也就是破旧立新……人类也一样，在从生到死的岁月里，有若干次需要破旧立新的时期。而这些巨大变化的节点，是十岁和青春期，之后大概就是中年时期了。

31

为什么我怎么都接受不了孩子做的某些事？

其实这样的情况，是父母与孩子一起造成的。

如果孩子很喜欢做父母打心眼儿里讨厌的事情，那父母真有必要好好思考一下了。譬如孩子说："我喜欢跟朋友在便利店吵吵闹闹。"那就很有必要问一句："是真的喜欢吗？"

在为高中生和初中生做咨询的时候，我常常从他们喜欢的事物开始切入话题。比如孩子说："我喜欢打柏青哥[①]。"我就问："哦，这样啊，有意思在哪儿呢？""为什么那么有意思呢？"结果孩子却会忽然说："其实，我也没那么喜欢。"

① 柏青哥（パチンコ），日本的一种弹珠游戏机，国内俗称"爬金库"。这种游戏带有赌博性质，按照日本法律，未满 18 岁者禁止进入这种游戏厅。——译者注

我绝对不会对这些孩子说“不能打柏青哥”这种话，而会说:“你真的喜欢玩吗?如果真的喜欢就去玩吧。”有些人不沉迷到一定程度就停不下来，但如果让他毫无顾忌地玩个够，通常一会儿就玩腻了，因为这类游戏的乐趣是有限的。

我曾经为一个大学生做过咨询，他说:“我觉得自己并不是因为好玩才去柏青哥店的，而是到那儿受苦去了。虽然讨厌打柏青哥，但却没法戒掉。”接着他又说:“要是戒掉不玩的话，不就得回家了吗?那我可受不了。”他还说:“老师，真正能感受到打柏青哥的乐趣的人，那可是相当厉害的人物。其实去柏青哥店的大部分人，都是去受苦的。”我说:“反正同样都是痛苦，要不要选择更好一些的方式痛苦?”他说:“也对啊。”这样一来，话题的方向就转变了。

碰到这种情况，一般人都会说:“玩这些可不行!”这就是站在外人的角度指指点点，但若是说:“柏青哥有那么好玩吗?”就能一下子进入到对方的内在情绪里去。“原来如此!”这样应和的话，孩子就会感受到，既然对方这么理解自己，那么多说些也无妨，说说自己的心里话也是可以的。

更惊人的是，有时候他们甚至会说“我原本没打算说这些的”。那些从未对任何人说过的话，甚至像是“我现在才突然想起来了”这种一直以来被尘封的记忆，都会一股脑儿地涌出来。就像刚才那个大学生，他后来渐渐意识到，自己其实是为了不与母亲起正面冲突，不想回家，所以才一直在打柏青哥。他最终戒掉了柏青哥，鼓起勇气直接面对与母亲的冲突。

但仔细想想就会发现，孩子不得不沉迷于柏青哥这种局面，是父母参与其中一起造成的。这些举动是孩子花了很长时间，在他的生活中寻找出来的答案。所以，当孩子做了父母无法容忍的事情时，父母真的需要好好思考了。可一般出现这样情况的时候，人们总会避重就轻，将自己的责任束之高阁，反而会说："他怎么变成了奇怪的孩子？""我的孩子怎么会这样？"但其实"正因为是我的孩子"，才会变成现在这样。

即使知道在孩子说话时要学会理解，但就算是心理咨询师，乍一听到"喜欢打柏青哥"，也很难立刻就理解柏青哥的有趣之处。能做到立刻理解的话自然很了不起，可一般来说很难达到这种程度。所以要顺着对方的心思，耐心地倾听他们的想法。

如果咨询师明明并不理解，却装出一副很明白的样子："嗯，我明白我明白，你父亲好可恶啊。"那么孩子可能甚至会说出"我要杀了他"这种极端的话。这是因为咨询师的话其实把孩子逼到了极致，只能用"杀了父亲"这种话来表达自己的情绪。虽然咨询师嘴上说着"我明白我明白"，但其实真正传递给孩子的根本就不是理解，所以孩子只能用更激烈的方式来表达自己的情绪。

我们也可以用距离来说明这个道理：与近处的人小声说话对方就可以听到，但如果你想和远处的人说话，就不得不像怒吼一样大喊。

同样的道理，面对不能理解自己的人，不把状况说到“要去杀了父亲”这么严重，对方就不会明白自己的心情。虽说可能也有人真的想要杀死父亲，借此说出自己的想法，但大部分情况下，孩子们只是不得不用这样可怕的话来传达自己的心情罢了。

亲子关系之间也是同样的道理。父母注意不到孩子想表达什么的话，孩子就会做出越发严重的事，因为如果不大声呼喊父母就听不到。这时，父母就必须认真审视自身的所作所为了。实际上就有一个偷了东西的孩子跟我说过这样一句话：“我连偷东西这种事都干了，可父母还是不明白我在想什么！”

32

我不想让孩子经历我当年的辛苦，为什么孩子就是不明白呢？

把“自己认为的幸福”强加给孩子是没有用的。

有这么一个人，他从小学毕业后，因为家里没钱，所以没法继续上学。后来，他只能一边工作一边拼命自学，最终当上了公司的老板。功成名就的他认为绝不能让孩子经历自己当年的辛苦，所以不断给孩子买书、请家庭教师。但孩子却不领情，上了中学之后完全不好好学习，每天也不去学校，就在家里发呆。

这位父亲向我咨询时感叹道：“我当年勤学苦读，才有了今天的成就。可我的孩子明明有这么好的条件却不肯学习。”我说：“您当年是渴望学习所以才学的，没错吧？可您家的孩子明明不想学习，却不得不每天应付四位家庭教师，恐怕这对他才是‘苦读’吧。”

这位父亲当年是渴望读书的，所以他希望孩子不用像自己一样，读书读得那么辛苦。但是希望孩子做和自己同样的事，其实只不过是把“自己认为的幸福”强加给孩子而已。生活中与这种模式类似的情况还有很多。当这种状况发生的时候，父母常会说：“现在的孩子真是身在福中不知福！”但其实并非如此。

当今社会变化得太快了，以至于父母的人生经验几乎派不上什么用场，可父母却很容易忘记这一点。刚才那位父亲年轻时候的“苦读”跟现在的“苦读”，其中的含义完全不一样。即便他想着不要让孩子经历跟自己一样的辛苦，但如果不能从本质上来考虑的话，也是难以做到的。这就好比说，无论父母的算盘打得多好，也没法教孩子怎么用电脑。从这个意义上说，个人经验是不值得夸耀的。

过去，这些个人经验都是值得夸耀的。比如在务农的家庭，长辈说“明天应该会下雨”，结果真的下了，孩子就会佩服得不得了。比如“我当年没钱也闯到了今天！”“过去饥一顿饱一顿的真是吃尽了苦！”但是现在还靠这些表面经验自傲的话就站不住脚了，因为金钱和食物都不像当年那样紧缺了。

我这么一说，有的家长可能会感觉自己在做的事好像对孩子一点儿用也没有，完全束手无策从而失去了自信。其实并不是那样的。父母的人生经验中，有些东西毫无疑问是孩子不曾体验的，也可能是在孩子之上的，肯定也会有什么能让孩子点头赞叹说：“原来是这样，太佩服了！”每个父母都绝对是有的，但必须去发现它才行。

然而，父母却往往把一切都换算成金钱，或者用一般的社会标准来衡量，所以孩子才会很生气。比如父亲会说："说到在公司的地位，你爸我可是科长！"竟然还在这种地方逞英雄。如果你不回归到事物的本质，孩子是听不进去的。

但在事物最基本的层面，人类的变化并没有那么大，因为说到底，父母比孩子活的年岁要长得多。比如你可以说："爸爸比你呼吸的空气多。"这就足够让父母引以为傲了。"你要是不服气，你变得比我更老试试！"这是绝对不会败下阵来的。但是大家却习惯于说些浮于表面的东西，"你们年轻人是身在福中不知福"，孩子就会很不以为然，甚至可能会顶撞父母："别光说我，那你自己到底算老几啊？"这时候你如果再说"说到公司的地位，你爸我……"就不行了。

不过话说回来，如果想在孩子面前炫耀自己的人生经验的话也没关系，只是不要光顾着自己说，也要听听孩子想说什么。让孩子也有表达自己想法的机会，这非常重要。打个比方，如果父亲说："你爸我当年就算借别人的参考书也要坚持学习。"说完之后，孩子说："那不是因为没办法嘛。"那么父亲可以继续问孩子："哦？那你是怎么想的？"这样的话，孩子就会开始说自己的想法，渐渐也能越说越多。父母在谈论自己的光辉岁月的时候，总是容易变成单方面的自夸。他们可能会跟孩子说："别啰唆，安静听我说！"结果就把孩子的嘴给堵上了。这样是不行的。要试着让孩子也能发表意见，这样才有和孩子沟通的机会。

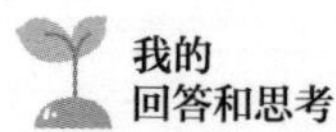
我的
回答和思考

33

为什么孩子总和我唱反调?

因为那些是父母的盲点。没有逆反就没有成长。

孩子真的是很厉害的，他们总能看出哪里是父母的盲点，然后就在哪里出现问题。不过从父母的角度来看，怎么也想不出自己哪里有错。而之所以称之为盲点，就是无论好坏，你自己根本就注意不到。

长处和短处也可以比作硬币的正反面。比方说，父亲如果是个踏踏实实、埋头工作的人，孩子可能会常常心不在焉，“就这么发会呆吧，说不定会发生什么好玩的事呢”，孩子却是这么一种性格。父亲从自己的角度来看，很看不惯孩子这样的行为，“就知道偷懒，这孩子真不像话”；但是从孩子的角度来看，说不定会觉得“老爸每天都重复做同样的事，人生也太无聊了吧”。反过来，假如家里有个每天做白日梦，幻想着一夜暴富的父亲，孩子肯定会说："老爸，别做傻乎乎的白日梦了，你得踏踏实实工作。"也就是说，孩子总是会从另一方面指出问题所在，所以做父母的其实很不容易啊！而所谓认可孩子，并不是简单地对孩子表示认可，常常意味着也要承认自己的缺点。也正因如此，有些父母才会很难认可孩子的行为。

想一想，人不可能什么都能做到，当一个人在某个方面上努力取得了优势，就会在另一个方面落后，不是吗？人不可能同时在各个方面上获得成功。而从孩子的角度来说，他既可以选择父母擅长的方向，也可以选择父母不擅长的方向。所以我经常这样说："通常来讲，孩子要么就会做跟父母相同的事，要么会做完全相反的事。"父母稍做改变就可能让情况好转，但这对孩子来说是非常困难的。比如父母是酒鬼，那么他们的孩子要么就滴酒不沾，要么就自己也变成酒鬼，很难做到稍微喝一点酒就满足地停下来。

有一本儿童文学著作叫《谁杀了你》[①]，故事里的父亲在年轻时，想要成为一名艺术家，为此非常努力。但最终他发现自己根本没有艺术天赋，于是就放弃了梦想。之后他找到了一份卖电器产品的工作，从此拼命赚钱，养活一家人。他的孩子长大成人之后，有一天看到了父亲以前的艺术作品，回到家就对父亲冷嘲热讽地说了这样一番话："如果我能画出那样的作品的话，可不会带着那些电器破烂儿到处跑。"这对于父亲来说，无疑是最能戳到他痛处的话了。

① 本书暂时没有中译本，此译名从日语直译，英译名 *Who Killed Christopher*。作者为德国作家伊莉娜·克鲁修诺（Irina Korschunow）。——译者注

而这一刻父亲的回答真是帅气无比："我不是你所期望的父亲的样子吧。我知道自己大概不是什么理想中的父亲，但就算如此，我也不能允许你这样伤害我。我自己对自己都忌讳说的话，你觉得你说出来就没事，那可就大错特错了。如果你想知道的话我可以告诉你，我当年跟自己如何争斗纠结，苦思冥想。终于有一天，我突然明白了我的才华和我的局限。我的才华到底有没有足够的价值，冒着让妻儿挨饿的风险自顾自地去追求艺术？我承认我没有，所以我才认认真真地为养活家人而努力。好了，我现在想要安安静静地吃饭。"①

这话真的太令人感动了！"这件事任何人都不能触碰"，能够说出这样一番话，真是了不起。这位父亲并不是说自己做过什么，而是说这是我心中做出的十分坚决的决定。能说出这种坚定的话来，是绝对不会输给孩子的。

而且要说出这样的话，首先需要自己能坚定地活着才行。要是父母还在浑浑噩噩地徘徊不定，孩子肯定会发现，然后对此嗤之以鼻。如果觉得孩子说得很有道理，那么父母诚实地说"你说得很对"就好，或者说"你说得很对，不过我没能做得那么好"。相信孩子也是会理解的。

其实，从整个社会的角度来看，孩子正是在反抗父母、否定父母的过程中逐渐成长为大人的。用简单的话来说，最近男孩子也开始化

---

① 日文原文为上田真而子译。——译者注

妆、染发和修眉了，但归根结底，他们只是要做些跟父母的时代不一样的事而已。虽说每个时代孩子反抗的形式都不一样，但每个时代都有反抗。放在过去的话，就算要把衣服领子解开一个扣子，不都需要勇气吗？

这时大人们总会说“现在真是世风日下，没救了”这种话，但孩子嘛，不做点儿惊世骇俗的事就太没意思了。就连室町时代的婆娑罗[①]和江户时代的旗本[②]的儿子们，都会做出骇人听闻的事呢！那个时代的大人们不也认为“这世道没救了”吗？

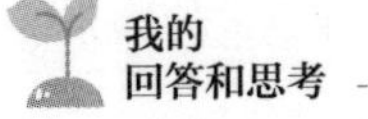

① 日本室町时代的流行语，指绚丽奢华的服饰，豪快大胆的行为举止，以及这类人。——译者注

② 旗本，日本古代的武士身份之一。——译者注

34

当孩子烦恼的时候，我该做些什么呢？

在“蛹”的时期，不去惊动孩子也很重要。

人们其实特别讨厌别人随意地闯入自己的世界，尤其是心里有烦恼的时候就更是如此，不过父母却经常对孩子这么做。父母想着是为了孩子好，却往往过了度，擅自踏入了孩子的世界。本来让孩子自己安静地哭一会儿就好了，但父母容易因为担心而管来管去，“怎么哭了？”“赶紧说啊！”父母有时甚至会对孩子动怒发火：“不许哭了！”“真烦！”

相比之下，更好的处理方式是允许孩子尽情地哭泣，然后轻轻说一句“等你哭完了来这边吧，我们一起吃饭”就可以了。不管是多么亲近的关系，在有些问题上也束手无策，不能直接治愈对方的痛苦。

比如，当一个人失恋的时候，如果别人说："你打起精神来！"那他肯定很生气吧。而如果能想到"他肯定很难过"，不去惊动他，让他静静地自己待一会儿，毫无疑问这种方法更好。父母可不能总是忍不住过去跟孩子说点儿什么，因为人是在感受伤痛的过程中成长的。如果一直没受过伤的话，无论多么注意，总有一天还是会摔倒的。如果不在真正摔倒之前做些练习的话，到时候就会傻到连怎么摔倒、怎么站起来都不明白。人是不可能不受伤就获得成长的，而且不管自己和别人有多么亲密，人的本质终归是一个人存在。这种体验是非常重要的。

如果父母的直觉很灵敏的话，会立刻明白"这时候我最好别说话"。其实父母靠直觉能领会到很多，比如，"孩子是不是有什么伤心事啊"，所以要多相信自己的直觉。当然，可能孩子根本就不想让父母知道自己的纠结和烦恼。我甚至觉得，其实并没有把所有事全都告诉父母的傻孩子吧？所以父母只要想着"孩子拥有自己的世界，很了不起"，对孩子表示尊重就可以了。

我们心理咨询师的工作也是同样的道理。有时不一定非要"理解"对方，只要能够治愈对方就好了。"你对于神灵有什么看法？""你对死亡有什么看法？"这样的问题，我不会直接问孩子，孩子也不会跟我说。只要我能够尊重孩子拥有自己的神灵观、生死观，孩子自然就会慢慢好起来的。其实孩子们的内心中对这些深奥的东西是相当有想法的，所以就算父母不那么理解孩子的想法也很正常。

换位思考一下也就明白了，"'我'的事，'我'自己最知道"，这毫无疑问。不过，也有很多连"我"都不知道的"我"自己，不是吗？每个人都很了解他人并不了解的"我"，可像"我从没想过自己在这种时候会大声怒吼""没想到我竟然会逃避"这样的时候，也是有的吧？总而言之，无论哪种样子都是自己，虽然也有让自己陌生的部分。所以，"因为我是他爸，所以很了解他"的说法就不成立。连"我"都无法了解全部的"我"，父亲又怎么能做到呢？

但在亲子关系中，父母常常会轻易下结论："我家孩子就是这样。"结果把孩子无限的可能性压制了。比如父母可能会说："你看看你自己，就这样怎么可能考上大学？"父母觉得自己了解孩子才这么说，可说不定孩子就真的能考得上呢！

在养育孩子的过程中，是用开放性的目光观察孩子的无限可能，还是把孩子塞进自己造出的框架里让自己感觉安心呢？这些既可能是好的可能性，也可能是不好的可能性，但毫无疑问都非常重要。父母很了解自己的孩子是事实，但肯定也有不了解的地方。可现在的父母总觉得"我了解的"，是不是过于自信了呢？优等生不一定一直顺风顺水，被贴上"臭名昭著"标签的不良少年说不定有一天也会发奋向上。无论是谁，都隐藏着未知的可能性。

的确，有些孩子虽然被父母压制了自己发展的可能性，却反而更加努力反抗，最终迈向成功，成为职业棒球选手、演员等，其实那也很不错。要是因为父母的反对就放弃梦想的话，那还是尽早放弃为好。

青春期是孩子成为成年人之前非常严峻的一个时期，用比喻来讲，就是“蛹”的时期。毛毛虫在蛹里面经历身体的痛苦变化，最终羽化成蝶。在这段时间里不去惊动孩子是非常重要的。“这孩子将来会走上哪条道路呢？”怀着这样的期待守护着孩子就好了。

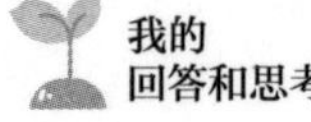

35

孩子对我说“气爆了”“不关你事”，我该怎么回应？

不能只是互相吵嚷，需要的是“真正的对决”。

最近的年轻人经常用“气爆了”这个词，而且正如它字面上的意思，表达着跟对方的关系也“爆”了。消极情感“轰”地一涌而出，人就被冲昏了头脑。但如果他说“好气啊，你想什么呢！”就表示他虽然生气，但关系没有“爆”。真的气到爆的时候，就会说“去死”“别管我”“爱怎么样怎么样”一类的话，关系也随之“爆”了。

有时候孩子说：“滚出去！”听起来好像从此斩断了关系，但他可能会再加一句：“我也去！”就没关系了，只是气话而已。虽然孩子说了气话，但关系没有断裂，这是非常重要的。我对爱情的定义也是这样的，“无论发生什么，关系不会断裂”。

青春期的孩子常说“烦死了”“不关你的事”其实是很正常的。在某种程度上，不经历反抗冲突，孩子就没法与父母分离成为独立个体，所以无论什么样的孩子在这个时期都会说这样的话。只是不要放任不管，在必要的时候敲打敲打。“你要是反对我的话，别光说‘烦死了’，你得说清楚到底反对我什么或者哪里看不顺眼，你得说出来”，有必要跟孩子说一说类似的话，不过也不用每一次都这么说。到了需要这么敲打一下的时候，要说：“我会说出自己的想法，那你也来说说你的！”重要的是要拿出倾听对方说话的态度。

无论是父母还是老师，如果下定决心拿出坚决的态度的话，孩子一下子就能感受到。我想，这大概是与孩子打交道的时候最重要的事情了。只要让孩子知道你的态度是认真的，那就应该没问题。

当你真的非常生气的时候，怒吼一声也是可以的。很多时候，一句怒吼而出的话反而可以修复两人的关系。只是在这个时候，要注意有些“绝对不能说的话”。比如在过去，谁要是对一位男性说“你这个娘娘腔”，那两人的关系绝对完蛋了，因为有些话在某个时代是绝对不能说的。但现在社会越来越多样化，没法简单说哪句话是绝对不能说的。不过，对于某个特定的人绝对不能说哪些话，其实是能知道的。避开那些不能说的话，这也是所谓的“爱”吧。说到底，没有爱什么都行不通。

无论是亲子关系还是夫妻关系，不擦出些对决的火花的话，情况就不会改变，不过说不定这种激烈的对决一生只有一次。普通的互相吵嚷中，看上去好像是火花四溅，但其实问题不大，因为只是单方面地把自己想说的哇啦哇啦地发泄一通，根本谁都没认真去听对方说了什么。而所谓“对决”，是必须听到对方讲的话。也就是说，真正的对决中也包含着跟自己的对决。亲子之间也是一样。

日本的文化是回避对决的文化，直到今天也如此，日本人回避对决的手法可以说世界第一。但这不是只有坏处，也有值得骄傲的地方。因为就算对决了，也并不一定能得到正确的答案，毕竟获胜的往往不是正确的一方，而是强大的一方。

在日本，就算对方错了，你说句“算了”也就过去了。所以日本人创造了一个大部分人都觉得自己处于中层阶级的社会。在这个层面上，我认为不能忘记日本的优点。但在当下这个时代，总说“算了”这样打马虎眼已经不管用了。今后，对决和怎样去对决就是重要的课题了。

不可思议的是，有些人对着别人可以说得头头是道，但面对应该去对决的人却什么都说不出来。前来咨询的人跟我说：“我也能理解我父亲的心情。”“我父亲会生气也是应当的。”我说：“这些话，不要对我说，去跟你父亲说说怎么样？”可他说不出口。其实父母对孩子的宠溺可能会导致孩子认为，就算不说出内心的想法，父母也理应体会到。因此，在日本文化下，引入第三个人作为中间人，和父母孩子一起谈话，也是一种办法。

我的回答和思考

36

跟青春期的孩子说话有什么秘诀吗?

做好“下决心听对方说”的心理准备。

倾听对方说话真的非常重要，不只是在亲子关系中，在夫妻关系中也是一样。而且听的时候，要沉下心来认真听。“今天听你说一个小时吧”，光是这么想，就会有非常不一样的效果。

说话的时候，听的人越是想逃开，说的人越是会没完没了地重复同样的话题。说的人想，“反正你也没听”，而听的人想，“又在说同样的话了，不听也无所谓”，这样就会变成恶性循环。双方要是都想停止这个恶性循环的话，就要沉下心来决定“今天来听你说一个小时吧”，这样一来情况就会截然不同。“原来你有这么有意思的想法啊”，说不定就会有新的发现。

要是不先想好“一小时”的时间限制，人们就会容易焦躁。比如父亲把儿子叫过来：“来，说说你喜欢什么。你不说话我怎么能知道！”结果搞得孩子更说不出来了。结果就变成了父亲单方面地把自己的想法说上一大通，最后再来一句“好好表现”结束谈话。然而从头到尾都是按父亲的节奏来的，根本算不上是对话。其实初中生和高中生们的心事很难用语言说出来，不了解这一点可不行。

如果父母能想着“听听你说的话吧”，孩子也会因此而感动的，爸爸妈妈愿意为自己这样做，孩子会感到特别开心。因为当父母用正确的大道理说教的时候，真实的父母就躲藏在了“正确的大道理”这个保护伞的背后，孩子就看不到真实的他们了。

至于为什么说是“一小时”呢？是因为人能集中注意力的极限差不多就是一个小时。当然如果你能集中注意力的话，谈话持续在一个小时以上也完全没问题。中途可以倒杯茶歇一歇，没必要卡着时间斤斤计较，毕竟这又不是在做生意。

不过，有些时候最好不要跑去沏茶。当对方在投入地诉说的时候，你来一句“喝点茶吧”会让对方一下子泄了气。如果是意识到此时对方的弦绷得太紧，“最好稍稍放松一下”，去沏个茶是没问题的。

我有时在咨询中遇见棘手的来访者，也会感到非常累，想要歇口气。这种时候，对方能一下子捕捉到我的心情：“老师，您刚刚走神儿了是吧？”我会承认：“是啊。”“为什么？”“为什么啊，因为听你说话，完全不走神的话我也受不了，人就是这样的。”有些咨询师在这种时刻会道歉：“对不起！”走神就是走神，没什么要道歉的。

电话咨询的时候也一样。就算在电话的另一边，对方发出绝望至极的声音，但如果恰巧我此时很忙，就直接说：“我这边正忙着。”这样明明白白地说清楚，对方也一下就能理解。可这时要是说谎“我现在正有客人”来逃避，对方一定会识破的。人们往往觉得“要是说了实话，我会被对方讨厌吧，会伤害对方吧”，于是净说些模棱两可的话，然而通过“非语言”的方式，你的真实想法早就传递给对方了。不按照自己的内心实话实说可不行，毕竟，人还是得自己活着啊。

听不懂孩子说话的时候也是一样，直接说出“从你说到那儿的时候我就听不懂了”“这点我没跟上”就好了。比方在咨询的时候，有时我说：“等一下，这里我没跟上你。”对方有可能会生气大吼：“什么没跟上！心理咨询师难道不就是靠听人说话来挣钱的吗！”但是我会坚持：“即便是靠这个挣钱，但听不懂就是听不懂。”这样一来，可能对方会对咨询师很愤怒，而这对于他来说是非常有意义的。因为在这时会发脾气的人，一般都是平常很难表现出愤怒、生气等攻击性情感的人。而且我说出那样的话，他生气也是有道理的嘛。不过，不懂就是不懂，没必要不懂装懂。

我不会说“你发脾气不对”或者“我没听懂，是我不对”，因为这会产生隔阂。“说不定慢慢地我就可以明白了，咱们两个人一起再努力一下吧。”当我这样说，就算是这次非常生气的人，下次也会继续来咨询的。

咨询师和来访者的关系，就这样不断地断裂和修复，一直延续下去。在这个过程中，来访者也会逐渐成长，变得强大起来。

我的
回答和思考

37

对于校规有很多争论，那还有必要设立校规吗？

只要在规则的前面有“人”，我就赞成。

我非常赞成学校设立校规，只不过，在规则的前面必须有“人”才行。

规则引发问题的是，所有人都躲在规则背后不露面。只把规则拉到前面，自己则偷偷躲在后面，这根本不行。如果只是嘴上说说“规则就是这么写的”，那谁都可以这么说。老师们总是拿规则当挡箭牌的话，孩子们自然就会想要破坏规则，因为不破坏规则，就看不到藏在后面的老师。

我以前在大学当院长的时候，把宿舍的门禁设在晚上十点，结果学生们都嚷着：“为什么是十点？”我就会坚持规则说：“没有为什么，我就是这么决定的。”因为不管我说什么理由都会败下阵来。如果我说“为了安全起见设在十点”的话，一定会被反问“那十一点不也挺好的吗”，在逻辑上我就输了。其实，门禁设在十点这件事我有很多理由可以讲，但全都讲出来的话，学生就没办法发火了。“没有什么理由，这就是我决定的，非要问的话这就是理由”，这样学生就可以骂出“真混蛋”了。其实，妙就妙在这里。要是平时老师总是把正确的道理说得滴水不漏，那学生还能怎么办呢？他们就只有动手了，因为正确的道理都被对方说完了，就只能采取暴力手段了。

这种时候，不要光是说正确的话，躲在这些正确的理由背后，而是“河合”这个人应该挺身而出。面对学生的怒火，我也会说“烦死了”，让我的情绪爆发出来。这样，通过双方的正面碰撞，让事情向解决的方向发展，这也不失为人生的一种乐趣。在双方都大发一顿脾气之后，我说：“不过，今天可真了不得啊，平时必须去甲子园[①]买票，喊‘巨人[②]去死’才能这么痛快，但今天免费就来了一次，真棒啊，咱们下次再来哈！”学生们听了，说了一声“切”。

这其实也是一种教育。学生们会明白，“河合”这个人并没有把他们当傻子耍，也不讨厌他们，因为我说了“咱们下次再来”。但是，对于动手打架这种绝对不能干的事，我是不会容许的。“连我老爹都

① 日本兵库县西宫市的地名，在甲子年的1924年建成的甲子园球场，因举办日本全国高中棒球大会而知名，也是职业棒球联赛阪神老虎队的主场。——译者注

② “巨人”指日本职业棒球队东京读卖巨人队，是阪神老虎队的强敌。——译者注

没打过我，怎么能受得了被你打？你动手试试啊！申诉？我才不会干那种无聊的事！”没有这种觉悟可摆不平那堆学生，何况，他们也是能感受到你的觉悟的。

不过有些时候，绝对是“走为上策”。真正危险的时候，一定要丢下手头的一切东西立即逃跑。举个例子，假设你在沙漠里行走，走着走着，远处沙尘飞扬起来。此时朝你走来一个人，是强盗，还是公主呢？在看清来人之前，你就必须决定是逃跑还是迎上去。这就是逃跑的关键之处：一切都要在沙尘飞扬起来的一瞬间决定。如果你想着“如果是公主的话我就去见她，是强盗的话就逃跑”，磨磨蹭蹭地等着对方靠近的话肯定不行，因为如果对方是强盗的话，你肯定就被逮住了。如果你决定了要迎上去的话，那就下定决心，就算对方是强盗也迎面而上。

放到养育孩子的情境中，“不逃跑”就是父母要成为一堵“墙”。青春期的孩子有时会动用暴力，但超过了某个限度之后，根本没法叫他停下来，甚至他自己也无法停下来。所以在事态变得无法控制之前就制止孩子是非常重要的，而我管这叫作“墙”。有些中学生在校园里打人、搞破坏，被警察介入制止之后，他们往往会说：“终于有人把我制住了，可算松了口气。”孩子在家里也是一样的，一旦大闹起来，自己也没办法控制。

所谓“墙”，其实就是“绝对不能再往前走了”的意思，即到此为止，不能再继续了。这与对方是什么样的人没有任何关系。只有撞到墙上，孩子才能明白界限，然后在这种经验中逐渐长大成人。墙需要有就算被孩子撞到也丝毫不动摇的强度，否则对于撞上来的孩子来说就太可怕了，因为摇摇晃晃的墙会让孩子感到很不安。

不过，请大家一定不要搞错，“墙”自己是不会动的，也并不会去打孩子。它只是说着“绝对不能再往前”，矗立在那里而已。只有当孩子明白父母是一堵坚实的“墙”的时候，才会非常安心。

38

如果养育中真出了问题，该怎么办？

不要只顾着反省，而要考虑“今后”怎么做。

养育孩子的过程中一旦出现了问题，父母一定不能偷懒，而是要认真地思考。另外，也可以考虑跟咨询专家谈一谈。

前来咨询的人大多都喜欢反省，说是“反省癖”也罢。很多人就一句“这件事，说到底还是我们做父母的错”，然后就不再深入思考了。他们似乎是想把反省当作这件事的结束，抱着“我都这样了，别人肯定没什么话说了吧”的态度，因为的确有反省的态度的话，通常就能获得一些原谅。比如在日本，说上一句“对不起”，基本上就没事了。只要反省道歉了，就很容易生存下去。

麻烦的是，有人在犯错之后沉迷于责怪自己，然后轻易地认为这样一切就都过去了。“他已经在反省啦”，寥寥数语就可以顺理成章地逃避他人的责备。正因如此，所以人们全都熟谙此道。但这只是在反省而已，没有做出任何实际的行动。

“我认为这也是我们做父母的错”，“我觉得是我们的教育方式有问题”。面对说着这些话的人，就算问他一句：“那你是怎样反省的呢？”他们也只能说出“我在反省”这种话。这时，我就会说：“那也起不到任何作用吧，这种无用的反省您以后还是别做了。”然后接着说：“先别反省，咱们一起来想想今后该怎么做吧。”

问题已经发生了，不做些实际的举动可不行。如果真要反省的话，到底反省什么地方、怎么反省、要改变什么，思考这些才是最重要的。但是，有效的反省是一件很难的事，因为自己一个人闷头思考的话，常常容易钻牛角尖，或者绕圈子，所以就到了我们这些专业人士的出场时间了。虽然我们只是在倾听，但神奇的是，有个能倾听的人陪伴，说话的角度就会变得客观，就能轻松走出误区，一切都会大为不同。

不过，现在所谓的“专家”也真是五花八门，其中也少不了有些冒牌货。那些冒牌专家一副高高在上的样子，指挥着你去做这做那，所以很容易辨别出来。被这种冒牌专家教训“这位父亲您怎么这样，得打起精神来啊”，来咨询的人会觉得自己真是失败，除了“是”也说不出别的。然而，如果被教训一句“得打起精神来”就能打起精神的话，那还要专家做什么呢？人不是轻易就能改变的。而真正的专家与冒牌专家的不同之处在于，真正的专家会非常认真地倾听来访者的倾诉，会保持一种“我们一起来思考看怎么解决这个问题”的态度。

所谓专家，并不是总对来访者做“指导”的人，而是面对问题，与来访者一起思考、一起努力的人。并且，他们有着绝不放弃希望的力量。与这样的人一起思考，最终答案一定会浮出水面的。

能把自己的心情化为语言，明确地说出来，这可是一件非常了不起的事。夫妻之间，能对彼此再多说些知心话就好了。如果还能不放弃希望，坚持陪伴在孩子的身边，那就很完美了。不过这也真是件难事。做父母很辛苦，有时甚至会想要放弃孩子。父母可能会想，“反正我家孩子已经这样了，没救了”，或者突然间特别地生气上火。其实就算是亲子之间，也很难做到一直坚持着陪伴彼此，一旦出现了什么问题，父母会心急地想要让孩子赶紧恢复状态，结果反而拖得更久。这不就是最能验证“欲速则不达”的例子吗？

如果在出现问题的时候，能有人跟孩子说：“没关系的，就算四五年不上学也没什么。你想做的事，慢慢做就好。”这样，孩子就能从跌倒的地方重新站起来。这也是我们心理工作者的工作啊！虽然我们没办法立刻治愈孩子，但表现出“你绝对不笨，你想要做的事情非常有意义”的态度，那些一直被骂“一无是处”“废物”的孩子就会慢慢改变的。

另外，有些人的个性与时代的潮流恰好吻合，他们想做的事情正好与社会的需求一致，所以并不纠结。他们当中有人因此欢喜，也有人因“我会不会只是在顺从潮流而已”而烦恼。能赶上时代的潮流，其实是好运。不过，也有人以为自己一直都是时代的弄潮儿，结果却在中年时突然碰壁。这种无常也是人生的有趣之处，是人生历程中的一部分。顺流而行或逆流而上，二者孰优孰劣，也不是一两句话就能说清的。

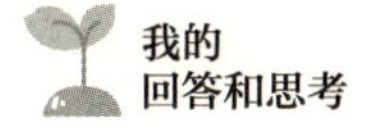

39

孩子现在成绩很好，将来一定能幸福吧？

如果你只看到“名次”，看不到“是什么样的孩子”，恐怕孩子的幸福将遥遥无期。

日本人对什么都喜欢排名，无论对大学还是公司。假如全日本同一水平的大学有很多个的话，应试的竞争就不至于这么激烈了吧。正因为东京大学被评为全国第一，所以人人都想着“无论如何都要去最好的学校”，竞争也就越来越激烈。

说到为什么会出现这种荒谬的现象，我想是因为“东京大学毕业”代表了一种与众不同的身份。很多东京大学毕业的人确实很傲慢，总是炫耀着：“我是东京大学毕业的！”他们认为自己获得了一种身份。

在社会上，一旦确定了身份，竞争就轻松多了，印度的“种姓制度”就是一个鲜明的例子。种姓制度的存在，避免了激烈的竞争，因为身居下位的人不可能攀升到上位，就算有竞争也容易被缓和。与之相似的阶级制度在欧洲也存在，而在日本，明治维新的时候把这些都一扫而光了。但不可避免的是，旧的观念还残留在人们的脑海中。

因此，“某某大学毕业”就无意之间在人们心里变成了新的身份象征。反之，如果信奉能力主义的话，无论是哪所大学毕业的，做事不行就是不行，只有能力强的人才能一步步晋升。但日本可不是那样。虽然社会也在慢慢地变化，可直到现在，“东京大学毕业”还是一个与能力毫无关系但却可以受用一生的“好身份”。虽然在考大学的时候竞争非常激烈，可一旦考上了东京大学，就等于拥有了能保证出人头地的“身份”。而一个人哪怕很优秀，要是毕业的大学排名靠后的话，不管怎么努力，未来也会受限。

完全不考虑人与人之间的能力差异，认为只要肯努力，人人都能获得一定的社会地位，这也是日本的一大特点。日本人对于能力的平等观念是非常强的，但却出现了这样让人想不通的想法：既然都是平等的，那就必须排名，划分级别。

如果孩子说：“我考了第十名。”家人并不会说：“这样啊，那你以后会走上怎样一条有趣的人生之路呢？”而是会说：“你太偷懒了。要瞄准第一名，再努力努力！”这是因为大家都认为人与人在能力上并没有差别。像这样只看排名的话，孩子的压力是非常大的。而且学校要是能把数学好和语文好的学生分开排名的话也就罢了，可学校是把所有科目的分数加起来进行排名的，总分只要高出一分，排名就高。所以为了能排出名次来，本来一些无所谓差异的事情，也非得要设计出能制造差异的考题来不可。而学生为了在这样的考试中取得高分，就不得不大量练习迅速反应、不被题目的陷阱欺骗等技巧，做大量相似的练习题，在题海中挣扎。

跟其他的国家相比，日本人从某种意义上来说相当娇惯孩子。日本人认为孩子小的时候只要学习就好了，别的什么都不用做。只要学习上可以取得好成绩，就会被夸为“好孩子”。小的时候只要学习好，就可以随心所欲，等到长大踏上社会的时候，再接受严厉的社会教育。也就是说，在日本的教育中，社会性的训练在离开学校之后才进行。

有位女士在咨询的时候向我讲述了她的成长经历。她小时候每次考了好成绩都会被夸“好孩子，好孩子”，所以她除了学习什么都不做，但好在考上了很好的大学。但当她想要继续读研究生的时候，父母的态度一下子来了一个大转弯：“女孩子不用去读什么研究生，赶紧结婚吧。”这位女士对我说：“如果目的是让我嫁人的话，那当初为什么非让我学习？”的确如此，如果目的是结婚的话，那么根本用不着那么努力学习，娇生惯养地当父母的掌上明珠才更好吧！

不顾每一个孩子的特别之处，而只知道关注孩子在学校的名次，这样的结果就是，完全看不到孩子的“个性”。根本不关注是“什么样的孩子”，而只想着名次，想着考好成绩，变成有钱人，结婚生子，忙忙碌碌地操劳，安稳度过一生。可人最终都会归为尘土的，我们到底是为了什么而活着的呢？只做着所谓正确的事，就会让人想问：“你觉得有意思吗？”因为并没有“我在活着”的体验啊！这样的人，并不是为了自己而活，而是做了别人认为有价值的事情而已。可这种评价的标准是存在于外界的，而不是内心啊。

“试着做一回自己觉得很有意思的事吧！”这句话，送给所有的父母和孩子。

40

为什么兴奋剂竟然流行到了中学生之间？

因为母性太弱，孩子们只能依赖于其他事物。

日本人总是在无意间与人相互依赖地生活着，不只是在家庭内部，在家庭外部也是如此。不仅自己会依赖别人，而且也经常会让别人来依赖自己。比如，自己没喝醉的话，就会照顾喝得酩酊大醉的朋友。礼尚往来，下次自己喝醉的时候，反过来也要靠别人来照顾。哪怕是很年轻的女孩有时也会忽然变得像个妈妈似的任由恋人撒娇和依靠，可态度变化的时候又能说变就变。日本的这种交往方式有很悠久的历史，所以人们都深谙此道，交往融洽。往不好的方面说，总是沉浸于依靠别人的话，人就会变得脆弱；往好的方面说，这种颇具日本特色的名为“甘え”(amae)[①] 的社会构造也在发挥着它的作用。

在美国，人们觉得如果允许了别人依赖自己，哪怕只有一次，那么之后就可能一直被对方缠上，这是让人无法忍受的。而原本这些依赖别人的人也被其他人所排斥，认为他们从人格上来讲就是废物，所以当他们四处被拒、无人依赖的时候，就会不得不依赖药物、酒精了。

从这个角度来看，日本这种大家互相依赖的生存模式似乎还是有优点的。这是因为日本是个非常看重母性的社会，而在西欧的文化里缺少了这一部分，所以导致依赖别人成了非常困难的问题。

最近我读了一部英国小说，伯利·多尔蒂（Berlie Doherty）的作品《亲爱的无名氏》(*Dear Noboby*)。小说的内容是讲，一对高中生男女意外发生了性关系，导致女孩怀孕的故事。女孩非常厌恶这种异物在自己体内的感觉，因此就给肚子里的孩子起了个名字叫“无名氏”，意思是说它“谁都不是”。女孩会跟肚子里的孩子说:“无名氏，你为什么来了呢？”等到了做流产手术的时候，女孩却突然改变了主意，想要把孩子生下来。正是因为她一直在跟“无名氏”说话，让她渐渐转变了想法，想要生下孩子成为一个母亲。

在这个过程中，女孩回忆起自己几乎没有怎么被妈妈抱过。“说

① 甘え（amae）是日语特有的一个词，是指一种类似于孩子对母亲撒娇的特殊的感情或行为依赖。日本学者土居健郎认为“amae”是日本文化心理最突出的特点。——译者注

不定，自己和妈妈之间的关系有些奇怪吧……”“会不会妈妈是在结婚前生的自己呢？”随着故事的发展，女孩发现妈妈和外婆的关系非常冷漠，两人几乎不来往。后来，她又知道妈妈原来是“非婚生子女”，也就是没有合法婚姻关系的男女所生的子女……

另一方的男孩，也计划去见一下因父母离婚而分开许久的母亲。他的母亲也是个母性薄弱的人，一开始，她和一位年龄比自己大很多但非常温柔的男人，也就是男孩的爸爸结了婚，但后来她又被一位同龄男性的魅力吸引，于是一走了之。对这个男孩来说，忽然之间母亲就消失了。

就这样，故事在男孩和女孩对“母亲”的探寻之中铺展开来。

说到为什么一些高中生会过早发生性行为，我认为是因为他们没有得到充分的母爱满足。没能得到足够母爱的人会很早发生性行为，这可以说是我的一个理论假说。

书中的男孩和女孩最后分开了，因为他们原本也没有在一起生活的必然性。女孩不得不一边抚养孩子，一边从高中读到大学。她不抱怨“都是他不好”“都怪妈妈”，而是自己扛起了一切，并坚强地活下去。她对艰辛生活的隐忍和“绝对要活下来让别人好好看看”的决心，真的很了不起。不过虽然令人敬佩，但也不得不说她是在“做傻事”。

如果换个更推崇母性的文化，是不是就不会发生后面这些麻烦事了呢？想到这里，我不禁感到日本式的生活方式还真是挺有意思的。

我总觉得还是会有这么一条道路：女性不用那么极端地排斥母性，而且也能作为独立个体活出她们自己的个性。既作为母亲满怀母性，也作为独立个体充满个性地生活，我想兼顾这两者的道路一定是存在的。另外，男性也要充分理解这一点，不然找到这条道路同样会很困难。

41

如今的孩子们看起来似乎都没什么烦恼，是这样吗？

可能他们正怀揣着连自己都不知道的深刻苦恼。

如果用过去那种“满怀痛苦的青年”的印象来看的话，现在的孩子们在青春期到成年之前的这段时间里，确实也没经历过什么痛苦，看上去就是一群好像什么烦恼都没有的人。

与其相反，有着非常强烈烦恼的孩子连“我很苦恼”都说不出来，他们怀揣着无法用言语表达的痛苦，而如今的成年人很难理解这一点。

虽说过去的年轻人为了“该怎么活着”而苦恼，但说到底，也就是为做什么样的工作、找什么样的人结婚这类问题而苦恼，等这些事定下来了，这个人也就算是大功告成，确立自我了。也就是说，所谓的成家立业似乎是当时的人唯一的人生课题。

可现在，无论社会经济多么不景气，找工作、结婚、把孩子送进大学……这些问题的解决都比过去容易得多，根本就算不上是什么烦恼了。解决了令过去的人烦恼的这些问题后，人们的烦恼反而变得更加深刻了，现在的孩子们都开始直面“人为什么活着”“我为什么会存在”这样一些根本性的命题了。

与这些根本性的命题相比，为成绩和工作而烦恼的话就都变得傻里傻气的了，简直让人想说：“那算什么啊！”因为思考的问题太过深奥，所以他们自己也不太清楚在烦恼些什么，总之只知道那些别人为之高兴的事都很无聊。这样一来，人就会变得没有精神，对什么事物都消极对待，整日无精打采的。就算和朋友聊天，也会说出“拿学分什么的真没劲”“找到工作又能怎么样”一类的话，但要是被问到“那你想做什么”，却一句也答不上来。

说到这些根源性的深刻烦恼，其实从人类诞生之初就存在了，只不过人们没注意到罢了。举个简单的例子，在战争时期几乎没有人得神经症和厌食症，因为根本吃不上饭。在“没有食物可吃”“可能会丢了性命”的时候，人根本就不会，也没有办法去思考什么“人为什么活着”这种问题。也就是说，一些生活上的浅俗烦恼，让我们得以不必去面对那些根源性的深刻烦恼。这一点，看看成年人的生活状态就明白了：有很多人都因为不愿意直面深刻的问题，于是天天嚷嚷着“太忙了，太忙了”而四处奔忙。

这些深奥的问题从很久以前就存在着，只不过主要由那些天才代替我们去思考罢了。可到了现代，我们普通大众也不得不面对这些曾经只有天才们才需要面对的生死问题、哲学问题。

仔细想想的话，其实我们人类从出生开始就必定会迎来死亡，仿佛抱着炸弹一样。有意识到这个“炸弹”并与这个命题正面对抗的人，也有根本没有察觉到“炸弹”而轻轻松松活着的人，每个人都有各自不同的人生。如同有的父母轻轻松松地活着，却把所有的艰难都让孩子承担；有的丈夫轻轻松松地活着，妻子却苦不堪言。

原本就有稳定的人际关系和基本安全感的人，就算遇到这些根源性的深刻问题，也会想“总之先活下去吧”，这样也不会太过于沮丧低落。可对于那些原本就缺乏社会支持的人来说，这些问题就变得相当困难了。其中，有一部分人就会向我们心理咨询师寻求心理帮助。

在谈话、咨询的过程中，这些人并不会马上找到关于人生、死亡、生命等问题的答案，但他们莫名地会逐渐对一些与答案无关的小事产生兴趣，比如，任何行动都做不了的人，开始读小说并且认为“挺有意思”，或者是稍微有了一点点想要学习的动力等。这时注意别让他们感到不好意思，耐心地回应“嗯”，他们就会恢复精神，开始做些事情。我虽然经常说内在世界，但其实内在世界和外在世界也有着很大的关联，思考“人生该怎么活”的确很重要，但“怎么活给别人看”也很重要。

对于那些根源性的问题，我们不可能轻易就得知答案，也不可能在青春期烦恼过一次之后就解决了一切问题。然而，在烦恼的过程中我们会明白一个道理：先要活着。也就是说把根源性的问题放在心里，带着问题去生活。我们心理咨询师的工作就是支持这样做的人们，并让他们意识到：“那些问题慢慢考虑就好，哪怕花上一生时间去思考。”

42

为什么青春期更容易出现身心疾病?

这是压抑情感表达、追求理智的现代社会所特有的“文明病”。

过去的人们把感性和理性都同样看待，自然地生，自然地长，顺其自然地活着。可越是到了现代，对于理性的评价就越高了。这样一来，人们开始认为，能控制自己的情感、能理性地生活的人非常了不起。这样就会导致就算我们有点生气和愤怒，也要用理性控制愤怒，并且觉得能在愤怒时保持沉着冷静的人才了不起。

随着这种思维方式逐渐变得极端，人们控制情感的力量也变得越来越强大，结果就导致了人们不仅仅是压抑情感，而是完全与情感切断了联结，永远“理性先行”。这样一来，人们的情感表达就不再活跃，表情也越发单调了，最后情感与身体之间的联系被完全切断，变成了缺乏情感的人，甚至出现心理生理障碍。

情感与身体之间原本有着极其紧密的联系，情感的反应基本都会伴随着身体的反应，比如起鸡皮疙瘩、出汗、流泪、手发颤、心跳加快等，多数时候都是身体与情感一起反应的。举例来说，如果有个人在你面前摔倒了，你并不会考虑“这时候要不要表示关心”，身体一下子就会做出反应。而现在，这样的身体反应与情感，或者说与心灵的联系断了。如今在前来咨询的人中，这种情况也很常见。

长此以往，在说不清是心理还是身体的地方，就会出问题，也就是所谓的心理生理障碍。有人认为心理生理障碍是一种身体表现出症状而症结在心理的疾病，但其实心理生理障碍是更为复杂的，无论是从心理着手还是从身体着手，都不容易治好。

从某种意义上来讲，心理生理障碍是一种“现代病”，也可以说是一种“文明病”。这样说来，无论父母怎么做，孩子们都有患上心理生理障碍的可能，所以不能简单下结论说“都是因为亲子关系不好才会这样的”。放在以前的话可能还更容易弄清原因，但现在，心理生理障碍有一部分是我们的文化导致的，因此也很难治疗。

养育孩子也是一样的道理。似乎大家都懂得养孩子的道理，于是就过于依靠那些道理来行事了。现在的父母们总是按照书本上写的方法来养育孩子。就算充满情感，也会用理性去考虑“这时候不应该这么说吧”，于是就把情感给压抑了。其实不需要太过较真是否理性，大可放开一些去表达，像“哇，真有意思”“你个捣蛋鬼”……这样养育孩子就可以了。

在青春期女孩身上常见的心理生理障碍就是厌食症。当然了，有一些孩子就算一时抗拒吃东西，稍微等待一阵子就可以恢复。不过一旦症状持续的话，就有可能是厌食症，应该寻求专家的帮助。

厌食症的背景中，有一部分是对身体性的拒绝和否定，也就是对于自己女性的身体难以接受，或者说不想成长为成年的女性。她们对于女性性别的厌恶会清晰地展现出来，因为女性心灵与身体的联系比男性更强。如何接受自己的身体与如何接受自己这个人，这两者的联系紧密到无法分开来看待。

当女孩患厌食症的时候，有必要考虑一下她与母亲的关系。因为女儿如果能够接受自己和母亲有相似的身体、过相似的生活，那就没什么问题，但罹患厌食症的女孩们往往无法接受这些。这种情况下，病因就有可能是女孩不能接受母亲的生活态度，或者对父亲和母亲两个人的生活方式都接受不了，毕竟孩子们能学习的榜样就是他们的父母了。另外，每个时代都有每个时代的“时代精神”，到底是这样好，还是那样好，众说纷纭，孩子也会受到影响。

但大多数时候，孩子本人并不会意识到上文提到的这些。毕竟对女孩来说，要如何作为一个女性长大是说不清道不明的事情。

女孩如何接受性，男孩如何控制性，这些都是青春期的重要课题。而且，接受还是控制，不同的人有不同的生活方式。

我的
回答和思考

Q&A
こころの子育て
―誕生から思春期
までの48章

第五部分

成年早期，在养育终点适时放手

当孩子长大，请让树木归入森林。

无论孩子长多大，父母都还是会替孩子操心。

即便如此，当孩子开始认真谈恋爱的时候，父母的任务也就可以告一段落了。

43

孩子不听话，好像我们之间的纽带断了，怎么办？

与强劲的纽带相比，考虑如何凝聚厚实的羁绊更好。

一说到跟孩子处好关系，人们通常马上就会想到跟孩子一起聊天、带着孩子去玩儿等，但其实比起这些，在孩子平时主动找自己“喂，妈”“哎，爸”的时候，自然地回应孩子，对建立好的亲子关系来说才是更重要的。

在孩子找自己的时候，是冷淡地说：“你真烦！”还是回应：“嗯，怎么啦？”“什么？”这两种反应带来的效果是完全不同的。从孩子的角度来看，跟父母聊天是一件很有意思的事。有些父母能做到自然地回应孩子，当孩子靠近时，他们会认真地点头倾听，而在其他时候，就适当地应对，十分自然。旁人看到可能会觉得“什么啊，那对父母是不是太随意了啊”，但其实在关键的地方他们可一点儿都没有松懈。但如果父母始终掌控着主导权，还用头脑理性地判断“必须跟孩子认真对话”的话，那就跟孩子之间出现错位了。

在亲子关系上，经常被提到的一个词就是“牵绊”。“牵绊”也就是“纽带”，就是相互之间在某些地方联结着的意思。在发生紧急情况的时候，相互之间有所联结当然是件好事；但从反面来看，其实“牵绊”或者“纽带”也会束缚人的自由。所以“牵绊”也有“束缚”的意思。因为我们现在都很担心“纽带”过于疏离的状况，所以在使用“牵绊”或者“纽带”这个词的时候，往往只考虑了积极意义，但其实在父母强调其积极意义的时候，对孩子来说却成了枷锁。

人们常说“强劲的纽带联结着我们”，可我认为比起强劲的纽带，深厚的纽带更重要。我所说的“深厚纽带”，意思是指让纽带变得很长，长到能够一直联结到极其深远的内心的理想状态。也就是说，如果两个人彼此之间的关系在深层次上尽可能地往深远发展，甚至深远到“无限远点”，那么只要在这一点上是联结着的，对方走到天涯海角也没关系，因为他们彼此在心灵的最深处联结着呢。父母与孩子之间也是一样，只要在深层次联结着就好。那些把纽带搞得又短又强劲的人，其实只是在控制对方而已。如果纽带能够不断加深，那么对方会变得越来越自由，但彼此之间仍然是联结着的。

如果联结短而直接的话，就很容易变成父母对孩子“不行”“不许去”的命令关系，因为父母根本受不了孩子从自己的领域中踏出半步。这样一来，父母倒是省了事，但被父母依赖的孩子就疲惫不堪，禁不住想要逃离了。这时父母就会说“我们之间的纽带断了”“被孩子背叛了”这种话，可这不是理所当然的吗？从孩子的角度来说，他们已经被逼得喘不过气了，除了逃离没有别的办法。

举个例子，假如孩子没有像平常一样按时回家，此时父母如果勃然大怒的话，一定会跟孩子吵架。其实父母应该心平气和地问：“做什么去啦？”孩子会回答：“因为……所以才回来晚了。”那么父母就要回应：“原来去做这件事了，真有意思啊。”这句“真有意思啊”就会进入孩子的内心深处。如果能做到这种程度的话，孩子去再远的地方也没关系。

有些父母心胸狭窄，一听说孩子谈恋爱就会立刻气得要命，但其实如果父母没有活出自己的人生的话，是没法用“这孩子终于也有恋人了”“孩子已经长到这么大了啊”的想法来看待问题的。如果自己有自己的人生，孩子也有孩子的人生，那么亲子之间的联结就会非常深厚。

这样一来，就算孩子不按照自己的意愿行动，彼此之间的“纽带”也会变得越来越深厚，因为双方的关系伴随着理解，也伴随着友情。无论亲子、恋人还是夫妻，关系中有了友情就有了厚度。因此孩子去哪里都没关系，因为双方的信赖深厚。

不过，也有一些很了不起的人会说：“不需要什么理解，我完全信赖那个人。”就像有的母亲会笃定地说：“那孩子绝对没问题！”这并不是自以为是，而就是事实。这种天才一样的人，并不是靠用头脑思考来解决问题的，而是拥有着“信任他人”“爱他人”这样可贵的品质。

人际关系真是不可思议的东西，真正的信赖和装出来的信赖完全不一样，孩子非常清楚这两者之间的差异。

44

为什么我一烦恼起来就困惑得什么结论都得不出来?

能够带着纠结活着是“成年人的条件”。

真正想好好养育孩子的话，难免会出现很多麻烦事，让人烦恼不已，又困惑不解。烦恼和困惑本身不是问题，而明明存在问题却不好好思考，这才是问题。我们这些从事心理咨询工作的人也一样，要是从来没有经历过迷茫，也从来没有遇到过困惑，还真做不了心理咨询。有忍耐这种心存烦恼、困惑和纠结的力量才是最重要的，我称之为“纠结保持力”。

人们都觉得忍耐内心的痛苦和纠结实在太让人难受了，所以常常试图去避免烦恼和纠结，迅速选择一种结论了事。“我没有错”“是我这个当妈的错了”，像这样不分青红皂白，轻而易举地下结论的确方便又简单。但其实如果不急于下结论，而是思考：“我这个当妈的有可能错了，但也有可能没错，到底是不是我的错呢？”毫无疑问，这种思考是非常耗费能量的。在心理咨询当中，在来访者说了一番充满矛盾的话之后，咨询师能否把这些全盘接受是非常关键的。不要说“你这话说得很奇怪啊”，而是换个角度想想“也可能确实是这么回事”，这样就能训练自己的“纠结保持力”了。

对于那些将来想成为心理咨询师的学生，如何培养他们的“纠结保持力”呢？我认为讲笑话很管用。当学生正自以为讲得精彩绝伦的时候，我在一旁插嘴说个笑话，表达出完全不同的观点。这时学生们会哄堂大笑，但过后，那位学生会思考：虽然像是开玩笑，但河合老师说的话可能有道理。这样一来就会产生内在的纠结。这对于学生也是一种教育。

瑞士的苏黎世有一位著名的治疗精神分裂症的医生费里茨，这位医生是个四处播撒“纠结种子”的人。一次我的朋友去了由费里茨当院长的医院学习，回来后却说：“从来没那么生气过。”原来，由他负责的一个患者申请圣诞节回家，于是我朋友就去和费里茨院长讨论这件事。费里茨院长斩钉截铁地说：“不行。那个患者应该而且必须待在医院里。”因此我朋友用尽全力说服了患者，让他在医院里过圣诞节。然而，在圣诞节当天，费里茨院长突然去了那位患者的病房，看了他一眼之后说：“你圣诞节要待在这里吗？圣诞节应该回家过，赶紧回去！”于是患者非常生气：“院长都让我回家过圣诞，那个主治医师怎么回事啊！”我朋友气得要命，跑到费里茨院长的办公室大吵了一番，结果费里茨院长只是“哈哈”地笑了几声。

其实，费里茨院长最初的想法的确是觉得不能让那个患者回家，但是在圣诞节当天看到患者之后，就觉得“还是让他回去更好”，这在费里茨院长的心里完全不矛盾。他是在每时每刻观察患者当下的状态，据此做出符合患者自身情况的决定而已。所以我们心理治疗师、心理咨询师说的话常常是朝令夕改的。我们会毫不在意地说着矛盾的话，所以每当别人说“老师，您说的话自相矛盾了”的时候，我就会回应“哦，自相矛盾了啊，哈哈哈”这样的玩笑话，把矛盾的种子四处播撒。

家庭这个地方，融汇着父亲的历史和母亲的历史，所以在根本上就存在着如何调整两者矛盾的问题。能够让人通过亲身体验学习到内在的纠结，这也是家庭的意义所在。养育孩子的时候，是说“不行”来制止孩子好呢，还是说“等一等”来观察一下好呢？这就是纠结。尤其是在今天，按照与父母相同的方式行事基本上已经行不通了，所以大家不得不每件事都自己思考，重新想出新办法，这也是当今父母们的不易之处。

而且现在的学校都在教些不矛盾的东西。比如在学校里，“纠结保持力”少的孩子就显得很聪明，他们在老师提问之后，毫不犹豫就能立刻说出答案。而且那些问题都只有一个正确答案，根本不存在什么纠结。可世间正是因为一件事有很多种答案，所以才趣味横生啊！在双方发生争执的时候，听了一方的说辞，再去听听另一方的讲述，基本就会发现双方都有他们各自的道理。而且现在连家庭也变得像学校似的，根本没有地方可以培养孩子的“纠结保持力”。

内心怀揣着很多纠结的同时，又能够有耐力忍受下去，这就是我所定义的“成年人”。

45

我和孩子总是起冲突，是我们相性不合吗？

还是先检查一下夫妻之间有没有需要解决的问题吧！

所谓“相性”，也就是投缘不投缘，在亲子之间也会存在。不过，在想到“我跟孩子相性不合”的时候，不如重新审视一下夫妻关系，说不定就明白原因了。

有的夫妻因为聊得来才结婚，有的夫妻则恰恰因为想法不同但彼此互补而走到一起。孩子继承了双方的基因，有的孩子遗传自母亲的方面多一些，有的孩子遗传自父亲的方面多一些，于是父母与孩子之间就会产生奇妙的碰撞。有的父母与孩子很像，关系就十分亲密，而有的父母与孩子想法完全相反，就会闹得不可开交。

比如，妻子的性格和你有些不同，有时你可能会因为她跟自己太不一样而动气，但一般来说不会太过在意。然而，如果同样的事发生在女儿身上，你就会非常生气并与女儿争吵：“怎么净做些莫名其妙的事！”“我家怎么生出了这样的孩子？”

如果从夫妻关系的角度重新看待这个问题的话，你可能会恍然大悟：“啊，原来是这么回事。”其实也就是夫妻之间的矛盾转移到了父母与孩子之间。原本想对另一半说：“你这想法太奇怪了！”但因为说不出口，最后就发泄给孩子了，因为对自己的孩子不会有那么多顾虑，压抑已久的话更容易说出口。

如果夫妻双方都能够意识到这一点，情况就会渐渐发生改变。“这孩子真像你啊！”“这事是这样吧？”说着说着，夫妻关系就会慢慢调整了，以前说不出口的话，也能慢慢表达了，夫妻双方也会逐渐接受对方与自己不同的地方。

要是一直不能挑明这些想法的话，愤怒和牢骚就都会发泄给孩子，所以你才会以为是自己与孩子性格不合。其实这根本不是性格合不合的问题，而是夫妻之间的问题转移到了亲子之间而已。

现代社会以小家庭居多，所以夫妻关系对亲子关系的影响巨大。在过去的大家族时代，就算夫妻关系没那么好或是父亲经常不在家，也不会面临像现在一样严峻的挑战。因为过去一大家子人都住在一起，虽然有很多事不得不忍耐，但也有很多人来帮忙承担父母的责任。小家庭里的成年人只有父亲和母亲，所以夫妻关系对孩子影响非常大。父母两人的关系直接塑造了家庭的气氛，如果父母关系冷淡、经常吵架，那么在这种家庭气氛中成长的孩子就会受到伤害。

通常来讲，说到养育孩子，什么都不如母子关系重要，但母子关系的背后是由夫妻关系来支撑的。虽然母子关系重要，但也绝对少不了父亲的支持。如果父亲在外面吃喝玩乐，那么只靠母亲一人也是很难做到的。偏偏是这种在外面吃喝玩乐的父亲，回到家总会批评妻子："你的教育方法不行！"对于这样的父亲，我就会在谈话之前问："那么你为什么会跟这种教育方法不行的人结婚呢？"所以我常说，家庭里的事，从来不可能只有一个人是"错的"。

所以，大家可以试着思考一下："为什么我选择这个人做自己的妻子 / 丈夫呢？"不可思议的是，人们最终都跟与自己匹配的人结婚了，仿佛命运的红线真的存在。人们可能认为结婚对象的选择靠的完全是自己的意志，这就大错特错了，因为在这其中是连当事人都意识不到的动力在起作用。

所谓夫妻，就好比在河水中矗立的两根木桩，而夫妻关系，就好比在两根木桩之间撑开一张网。选择离自己近的木桩的话，虽然拉网很轻松，但捕鱼的收获就会少一些；选择离自己远的木桩的话，虽然拉网很辛苦，不过捕鱼的收获就很丰厚。是选择跟自己相似的人，在近处的木桩上拉网呢？还是被与自己不同甚至相反的人吸引，在远处的木桩上努力拉网呢？这只能听从命运的安排了。

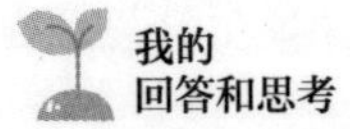

46

养育孩子该以什么为目标呢？

养育出“能够活出自己的人生”的人。

孩子其实天生就有着自我成长的力量。虽然这么说，但家长也不能对孩子放任不管，而是要把孩子培养成勇于承担责任的人。也就是说，家长必须把“勇于担当”作为养育孩子的目标，这个目标也是一种自立吧。

在美国，当父母认为孩子到了一定年龄之后，就必须切实地让他们承担起自己的责任来，非常严格。举例来说，父母让孩子们投标粉刷墙壁的任务。哥哥要价 50 美元，弟弟要价 10 美元，那么任务自然就交给要价最低的弟弟了。但弟弟还小，根本不明白是怎么回事，只是为了赢过哥哥，才把要价写得很低。可赢得任务之后，就必须独自一人完成，就算是边哭边做，也必须干完。而且他还会被哥哥说:“看看吧，活该，这是你自己的责任啊！”美国的父母非常清楚自己身上背负着的义务：必须把生活中独立承担责任的残酷教给孩子。因此，才会如此严格。

但是，在教会孩子承担责任时最重要的一点是，不要把自立和依赖看成是完全对立的东西。没有依赖的自立应当叫作孤立，因为人与人的关系已经断裂了。正是那些能够适当依赖他人的人才能学会自立，甚至说适当的依赖是自立的支持和保证也不为过。“自立”其实是在亲子之间建立的一种崭新的关系，希望父母和孩子都能明白这一点。

通常社会上会认为“失败＝否定”，但家庭应该是个即便出现了失败，也不会贬低孩子的地方。家人会说：“下次再加油吧！”“你没问题的！”不会立刻就把“失败”等同于“否定”。不因孩子的失败就降低对孩子的评价，这才是家庭。不过，父母和孩子都有必要认清失败的事实，说什么“这才不是失败！”“这没什么大不了的！”只是自欺欺人而已。

无论是失败还是成功，孩子“存在”于此就已经是一件了不起的事了。如果能够不断肯定孩子的“存在”，那么将来孩子长大了，即使遇到困难也不会陷入自我厌恶之中。甚至可以说，现在的家庭教育决定了孩子在将来面对失败、感到自己的局限性时，是陷入自我厌恶之中，还是能够肯定自己，重拾信心，这都取决于父母是否能肯定孩子的“存在”。所以，即便孩子有很多缺点，如果父母能够肯定孩子作为独立人格的尊严，那么将来孩子遇到挫折也能够重拾信心、确立自我。

只要家长心中明白这一点，那么当孩子失败的时候，即使说了一句“哎哟，失败了啊”也没关系的。因为这话里没有掺入其他层面的评价，只是针对错误、对待失败本身说的，并不是对人格的否定。有些笨拙的父母想着“不能伤害孩子”，所以嘴上不指出孩子的失败，但因为心里就是那么想的，反而会在不知不觉间把评价传递给孩子。

家庭的作用本来应该是体现在这种无法计算的、肉眼看不见的地方的，但因为看不见摸不着，所以父母就很难安心，总会忍不住倾向于关注那些能看得见的部分，这可能已经不仅是养育孩子的问题了。不知从什么时候开始，家庭变得和学校甚至公司一样了，只用冷冰冰的数字来评价孩子。如今人们需要重新思考一下这些做法了。

所以说，“爱”真是很难啊。每个人都有自己的个性特点，人与人之间充满了多样性。虽然你自以为是爱着对方的，但那到底是不是真正的爱呢？谁也说不清楚。小婴儿“哇”的一声大哭起来的时候，立刻飞奔过去是爱呢，还是稍微等会再去才是爱呢？想也想不明白。

爱这件事，最关键的就是肯定对方的人格。但要在肯定对方的自主性和人格的同时爱对方，实在是非常难的事情。其实，有很多人都忘记了对方是个有自主性的活生生的人，以为像爱一个洋娃娃一样地爱对方就是爱了。

孩子的幸福，是由他们自己去创造和构筑的。有些父母并不以孩子的幸福为中心，认为只有把孩子放在他们以为的“幸福的状态”里才能安心，但这不过是自以为是罢了。真正的幸福，是让孩子“活出自己的人生”。

我爱他（她），即使他（她）是一个叛逆期的孩子。只要想想，就会明白爱的不易之处了。

47

倘若养育孩子有终点的话，那是什么时候呢？

当孩子开始认真谈恋爱了，父母的任务就算是告一段落了。

养育孩子有终点吗？在如今的社会里，恐怕也没办法清晰地标出终点。在过去，元服、结婚等仪式作为孩子成年的标志，但现在这种仪式感已经越来越弱了，所以无论孩子多大，父母都还是会操心。不过从另一方面看，有事可操心也是件了不起的事。有各种可操心的事，不就是人生吗，当作一种乐趣就好了。区别只在于，是操心，但不太影响生活，还是操心得让生活也变得一塌糊涂呢？即便如此，当孩子开始认真谈恋爱的时候，父母的任务也就可以告一段落了。

孩子带回家的交往对象有可能是父母完全不喜欢的类型，这就相当于是孩子在控诉："我家父母不行。"父母如果有意见，可以说"我确实讨厌那个人”“我们就是合不来”等，但你要明白，孩子选择的伴侣如何，就体现出对父母的态度如何，就好像是对父母做的所有事“算总账”一样。明白了这一点，就会知道父母很难对子女的婚恋问题简单地下结论了。

有一点需要我们格外注意，那就是在过分亲密的关系里，除了背叛没有其他离开的办法，这是人生中很悲哀的一件事。无论是恋人、朋友，还是亲子之间，有时都要靠背叛才能分离。

背叛，顾名思义就是“在背后叛变”，意味着把绝对的信任关系化为乌有。在一般意义上来说，是人类行为中最令人不齿的行为之一。然而可悲的是，有时除了做这种令人不齿之事以外没有其他的办法能解决问题。假如能明白这一点的话，“背叛”后的关系还是有恢复的可能的。

在临床心理的工作中，时不时也会出现“背叛”。比如，有位来访者一直在我这里接受心理咨询，当他逐渐有了精神并且开始好转的时候，却突然跑去见了另一位咨询师，回来后还对我说：“跟河合老师咨询的时候，您总是在听，什么有用的话都不说。可那位老师不一样，他给了我很好的建议。”然而，这都是因为他终于开始好转了啊，所以像“这样做比较好”的建议也能听进去了。他又接着说：“多亏那位老师，我现在好多了。在河合老师这里的十年咨询都没什么用，还不如那位老师的一次咨询有意义。”这时，我不禁想：“我被背叛了！”当然也有人在“背叛”后又回来找我，或者寄来一封写着“万分抱歉”的道歉信。

但如果我能早点明白的话，就不会出现背叛这种事。也就是说，所谓背叛，是因为我对对方过于亲密，超过了限度。我本来不必和对方那么亲密的，但因为看到他开始好转后非常高兴，不知不觉就变得更加亲近了，这才让他产生了背叛行为。

亲子关系也是一样，有时孩子不得不做出看似是背叛父母的事才能成长。如果母子一体性过于强烈，那么孩子只有做出背叛父母的姿态才能跟别人结婚，或者孩子会选择父母肯定会反对的恋人，因为不这样就没法离开父母。

相反，如果一个人在童年没能充分体验到“母子一体性”，那么常常会在与异性的关系中找回这种一体感，也就是在恋爱关系中掺入了亲子关系的成分。不过，与寻求“母子一体性”的男性交往时，女方会渐渐受不了。虽然喜欢对方，但还是会很想说：“我可不是你妈！”当然，如果女方觉得“我也可以当你妈”，那倒是也没关系。

悲剧的是，有的男性与愿意承担自己妈妈角色的女性结了婚，在获得了“母子一体性”的治愈之后，就分手找更加年轻漂亮的女性再婚。这种情况在美国更为常见，人们甚至还给这种新妻子取了个名字，叫作“奖杯太太”。

至于寻求“母子一体性”的女性，有的会选择可以替代母亲的、能感受到温柔母性的男性做伴侣，有的会不停地与很多男性交往，因为肉体的一体感也与母性有些相似。

因为人们总想在谈恋爱的时候找回很多东西，所以常常会出现很多神秘而不可思议的事。有时莫名其妙地喜欢上一个人，似乎只要有那个人在就很开心，而之所以会出现这种情况，是因为有很多其他因素混入了恋爱关系中，是强大的治愈功能在起推动作用。这样的例子还能举出很多，不再赘言，其实生活中的很多事都是超越了理性的。

我的
回答和思考 --

48

为什么家人住在一起很重要呢？

接受难以接受的东西是一种“家庭禅”，家庭是锻炼它的道场。

家庭就像“树”一样，总有一天果实会离开大树，然后“砰”的一声掉到地上。但果实在成熟之前都要一直与树待在一起，如果还没成熟就离开，也很让人伤脑筋。

家庭成员之间由一种“不知道为什么，但要在一起”的关系紧密联结着。在这个凡事都需要理由的时代，能共同拥有这种“虽然不明白为什么，但我们成了父母跟孩子”的命运般的关系真是非常重要。从孩子的角度来看，他们没法选择自己的父母，因为他们确实是在什么也不知道的情况下，就来到这个世界上了。这么想的话，父母对于孩子确实是负有责任的。

现在的夫妻可以想离婚就离婚，但婚姻这件事，既有体现人们主观意志的一面，又有命运安排的一面。从主观意志的层面来看，既然结婚是自己决定的事，那么结束婚姻当然也可以自己决定。但现如今，主观意志这一面占的比重似乎太大了。我觉得不要只重视这一面，也该看看命运的那一面。从命运的层面来看，有“因为是命运的安排，所以不能离婚”这种想法也不足为奇。要是两个人从没体验过“共同命运”的感觉的话，那这种婚姻也实在太让人遗憾了。

父母与孩子之间就算断绝了关系也还是亲子，这绝对是命运般的关系了。所以在家庭之中，同时存在着“无论何时都可以离开”与“绝对无法分离”两个方面的矛盾，我称之为“家庭的十字架”。“家庭的十字架”会产生出强大的家庭动力，研究起来也特别有意思。

家庭中除了夫妻、父母之外，还有兄弟姐妹这层关系。虽然谚语说“兄弟长大成路人”，但我认为“兄弟姐妹之间的关系正是与他人建立关系的初始”。对于家里的老大来说，老二的出生相当于一脚插进原本只属于老大的亲子关系里，这可是件大事；而对于老二来说，本该绝对纯粹的亲子关系里，从一开始就多了个奇怪的家伙。体验“接受这种难以接受的事情”的经历，正是在为成为社会人打基础。

不能只顾着看表面问题而轻易下结论。当孩子出现问题时，不要立刻说“是学校的错”“是他那个朋友的错”，而要先从自己身上找原因。就好像当认为母子关系有问题的时候，不如先审视一下夫妻关系，因为夫妻关系先于母子关系。而且一个孩子的问题解决了之后，可能其他孩子又出了问题，家庭关系总是牵一发而动全身的。

就算父母用“都是学校的错”来试图逃避自己的责任，孩子也常常会逼着父母直接面对问题。“把你的真本事亮出来！”孩子会用这样的态度逼迫自己的父母出面去找学校，所以我常说“家庭禅”，就是因为孩子提出来的问题就像修禅之人打机锋一样考验对方。

为了孩子的问题来找我咨询的人，通常都会从“我家的孩子真是没救了”这句话开始。我只是一边“嗯、嗯”地应对，一边倾听下去，慢慢地他们就会发生变化。“多亏了这孩子啊！”“多亏孩子不去学校了，我才有了这么多改变！”家长的想法改变了之后，说不定孩子也重新去上学了。危机往往也是机遇啊。

说起孩子，他们既像是父母的一部分，但又与父母有很大不同，不知道他们到底在想什么。养育孩子，就是养育一个既像自己又不是自己的人。这是一种很了不起的体验，只靠自己的力量很难做到，但又必须负起责任来。孩子是“独一无二”“这才是我”的一种存在，没有任何与之相似的其他东西，是从盘古开天辟地以来仅有的唯一一人，谁都无法相比。这也巧妙地吻合了荣格心理学中“自己”的概念。所以，与我所认为的“自性实现”最契合的就是养育孩子这件事了。

我的
回答和思考 --

“自性实现”与养育孩子

“自性实现”这个词现在很时髦，感觉很多地方都在用，但在我看来，这可不是自性实现，叫“自我实现”[①]或者“利己实现”还差不多。

当然也不是说“自我实现”不好，“自我实现”也是非常重要的。在以前的日本，大家是和其他人相互联结、相互依存地生活着的。可是，人们在第二次世界大战后就变了，觉得不能像以前那样了，强调个人才是最重要的。尤其是女性，在漫长的历史中，她

① 河合先生在这里使用了“自性”“自我”两个词，“自性”是荣格派的术语，即“self”，而在这里使用的“自我”更类似于“ego”。——译者注

们的自我一直都被压抑着，不能做自己想做的事，被迫服从于“母亲”这个理想形象。所以，和不愉快的过去断绝关系，做自己想做的事也是理所应当的，放手去干就好。比如，努力经营一个自己的小店、做自己喜欢的工作、努力争取人们的认可等。但我们必须明白，这些都是“自我实现”，只不过是想要实现一个小小的“我”而已，算不上特别了不起。

◇

“自性实现”是瑞士心理学家荣格提出的概念。

自近现代以来，西方人一直认为自我的确立非常重要。日本人也不再看重“与他人联结在一起”的重要性，转而学习西方人的思维方式，认为确立与他人独立开来的“自我”才是最重要的。

但后来发现，就算切切实实地把自我确立起来了，到了中年还是会有巨大的焦虑和不安滚滚袭来，也就是所谓的“中年危机”，而与这种焦虑相对抗的，就是荣格所说的“自性实现”。

大约在 1930 年，在因心理问题来找荣格做心理咨询与治疗的人当中，有三分之一是看上去似乎什么问题都没有的人，他们拥有地位、金钱和名声，是确立了自我的成功人士。但正因为已经很成功了，所以就不知道下一步该怎么办了。荣格写道：“拥有一切并完全适应了这个社会，这竟是他们的烦恼。”于是，他们开始思考一些不着边际的问题，比如：“我到底想要做些什么呢？”“我死了的话会怎么样？”或者做一些不着边际的事。荣格认为，把心灵的全部内容，包括自己终将死亡的事实一起接受，这就是“自性实现”。

这是什么意思呢？也就是说，无论确立了多么强大的自我，人都终有一死。如果一个人信奉基督教，就会认为活着时努力确立自我，死后在最后审判时会得到好评，进而升到天堂，正是这种信念在背后支持着西方人的自我确立。但是，随着近现代科学的发展，信基督教的人变得越来越少了。人死不能复生，那就意味着自己在世上拼命争取到的东西全部都会消失。如何应对这个问题？怎样接受这个现实？这就出现了非常复杂的问题。

而且，在物质匮乏的过去，人们每天为了温饱就已筋疲力尽，根本无暇考虑“死是什么”这种问题吧？而如今，物质丰富，温饱已经不成问题，长寿也变得普遍，所以人们才会直面“死是什么”这个问题。

◇

在荣格心理学中，意识的中心是“自我”。与之相对，包含无意识的心灵全部内容的中心是“自性”。“自我实现”是指处于意识中心的“自我”的实现，所以人们会倾向于做那些能得到社会认可的事。但“自性实现”不同，因为包含了无意识这个毫无章法的因素，所以做的一般不是能被他人称赞的事，甚至是莫名其妙的事。

举例来说，一位创建了印刷厂并获得成功的人到了中年突然想到“我原本是想要画画的”，于是开始画画。他自认为画得很好，于是让自己的公司印刷出来售卖，可并没人来买，结果公司因此濒临破产，这就是自性实现的开始。也就是说，自性实现常常与自我崩溃相离不远。如果还是在建立自我的延长线上，那就只是自我实现罢了。但在自性实现中，会发生与自我实现完全相反的事，甚至有破坏自我的动力运作于其中，甚至蕴含着让自我死掉并重生的“死亡与重生”的主题。所以，自性的实现非常不容易，因为自我死掉后有可能难以重生。

如今成了社会问题的“婚外恋”也是如此。“我真的喜欢这个人”，虽然这种想法从社会伦理规范上来说是不好的，但当事人会认为“我问心无愧”，从他的主观上来说的确如此。但是，如果用不恰当的方式实现这种想法的话，就可能会被社会责难，甚至众叛亲离、失去社会信用，一味遵循自己的想法做事，甚至会成为罪犯。此时，“自性到底如何实现”这个难题就浮现出来了。但其实也不必完全按照原本的想法去实现啊！比如婚外恋，如果认为婚外恋的行为实在是难以接受的话，还有个选择是写婚外恋的小说啊，不是还有个词叫作“象征性的实现”吗？

荣格具体指出，人类在人生前半段的目标是自我实现，而在后半段应致力于自性实现。也就是说，自性实现在年轻的时候不可能做到，是上了一定年纪之后的乐事。但是在现代，似乎无论年龄大小，必须把这两者同时努力做到才行，可能这与信仰的淡化相关。“与他人相联结”“老天爷”等过去支撑着日本人的社会规范也被削弱了，于是人们不得不很早就开始考虑“人是为什么而活着”这样的问题。

◇

经常有人问我：“养育孩子和自性实现可以共存吗？”我认为没有比养育孩子更有趣的“自性实现”了。“养育孩子就是自性实现”，之所以这么说是因为养育孩子要求一个人把心灵与身体都投入进去，也就是必须整个人全然投入才行。

孩子们总是做一些不着边际、莫名其妙的事，比如愣愣地发呆、用泥巴搓泥球玩，从意识和自我的角度来看，真是乱七八糟、毫无意义。但换种说法，那些事对于自我来说虽然是不可理喻的，但面对突如其来地降临到自己面前的事，不是去抱怨“我怎么生出这样的孩子”，而是认认真真地当成自己的命运来接受，并思考“如何与这样的孩子生活下去”，这就是自性实现。换句话说，养育中的自性实现就是去接受不尽如人意的孩子。

在与孩子相处的时候，会发生各种出乎意料、讨厌烦心和不明所以的事。在这时，我们很容易埋怨“是那个家伙不好”“是这个孩子不好”来逃避问题，但清楚地接受“发生的所有事都是我的事”就是自性实现的第一步。在养育孩子的过程中，“我”这个个体会慢慢浮现，甚至比自己想象的还要更难以理解。“我”之中有很多自己不愿承认的东西，把这些东西作为自己的一部分接受是很可怕、很痛苦的。但是，自性实现就是要面对这些一直以来潜藏于我们内心深处的东西，并且还要把它们变为有用的素材。“如果可以的话真是不想面对、不想去做啊”，做这些事就是在进行“自性实现”。

◇

“自性实现”也是伴随着牺牲的，因为“做一件事”就意味着“不做另一件事”。举例来说，如果想增加陪伴孩子的时间，那么就必须在一定程度上舍弃做自己想做的事的时间。这时，意识到自己“牺牲了什么”是非常重要的事情，明白牺牲的必要性也是自性实现的一部分。否则，不明所以的烦躁情绪就会越积越多。清楚牺牲和不清楚牺牲的差别是很大的，就好像是棒球比赛中投手在投球的时候，脑子里想着跑垒员的存在和完全没有意识到跑垒员一样，两者之间的差别太大了。因为如果投手不注意跑垒员的话，就很容易被对方偷垒。

“牺牲”，总让人有些负面的感觉，但在真正理解了牺牲的意义之后，就会生出深刻的喜悦来。但如果不了解它的意义，莫名其妙地感到因为牺牲而烦躁的时候，就会毫无必要地疲惫不堪、大动肝火。父母以“为了养孩子我牺牲了自己的事业”为借口而互相推诿的话，只会让人生气。一旦理解了抚养孩子的意义，就会发现其中的快乐和喜悦。

◇

认真开始考虑“自性实现”的话，只做自己喜欢的事是不行的，有时还必须考虑到与他人的关系。比如为了爱人你甚至可以放弃自己的生命，就算自己不吃饭也要让孩子吃上饭……这比自己得到了什么、做了什么更重要，也就是你会考虑对方比考虑自己更多。所以，认真地开始思考“自性实现”的话，其实就相当于在考虑“世界”的问题并且会带来“快乐”。

除此之外，还有单身人士、没有孩子的夫妻……我认为这些人士也在做着象征意义上的实现“养育孩子”的事情，但这次我就先不涉及了。

“自性实现”也并不是一旦完成就可以一生都高枕无忧了。荣格反复强调“自性实现的过程”，或者说“个性化”，它不是一个结果，而是一个过程。

“我最终会成为怎样的人？”人们在思考这个问题的过程中走过一生。至于自己脚下的道路是否通向“自性实现”，我想只要迈开步伐，在途中就会明白的。而对于之后走到哪里、需不需要调整路线的问题，每个人的答案都不尽相同。要想得到答案，除了扪心自问没有其他的办法，因为这正是名副其实的“自性实现”啊！

未来，属于终身学习者

我这辈子遇到的聪明人（来自各行各业的聪明人）没有不每天阅读的——没有，一个都没有。巴菲特读书之多，我读书之多，可能会让你感到吃惊。孩子们都笑话我。他们觉得我是一本长了两条腿的书。

——查理·芒格

互联网改变了信息连接的方式；指数型技术在迅速颠覆着现有的商业世界；人工智能已经开始抢占人类的工作岗位……

未来，到底需要什么样的人才？

改变命运唯一的策略是你要变成终身学习者。未来世界将不再需要单一的技能型人才，而是需要具备完善的知识结构、极强逻辑思考力和高感知力的复合型人才。优秀的人往往通过阅读建立足够强大的抽象思维能力，获得异于众人的思考和整合能力。未来，将属于终身学习者！而阅读必定和终身学习形影不离。

很多人读书，追求的是干货，寻求的是立刻行之有效的解决方案。其实这是一种留在舒适区的阅读方法。在这个充满不确定性的年代，答案不会简单地出现在书里，因为生活根本就没有标准确切的答案，你也不能期望过去的经验能解决未来的问题。

湛庐阅读App：与最聪明的人共同进化

有人常常把成本支出的焦点放在书价上，把读完一本书当作阅读的终结。其实不然。

时间是读者付出的最大阅读成本

怎么读是读者面临的最大阅读障碍

“读书破万卷”不仅仅在“万”，更重要的是在“破”！

现在，我们构建了全新的“湛庐阅读”App。它将成为你“破万卷”的新居所。在这里：

- 不用考虑读什么，你可以便捷找到纸书、有声书和各种声音产品；
- 你可以学会怎么读，你将发现集泛读、通读、精读于一体的阅读解决方案；
- 你会与作者、译者、专家、推荐人和阅读教练相遇，他们是优质思想的发源地；
- 你会与优秀的读者和终身学习者为伍，他们对阅读和学习有着持久的热情和源源不绝的内驱力。

从单一到复合，从知道到精通，从理解到创造，湛庐希望建立一个“与最聪明的人共同进化”的社区，成为人类先进思想交汇的聚集地，与你共同迎接未来。

与此同时，我们希望能够重新定义你的学习场景，让你随时随地收获有内容、有价值的思想，通过阅读实现终身学习。这是我们的使命和价值。

湛庐阅读App玩转指南

湛庐阅读App结构图:

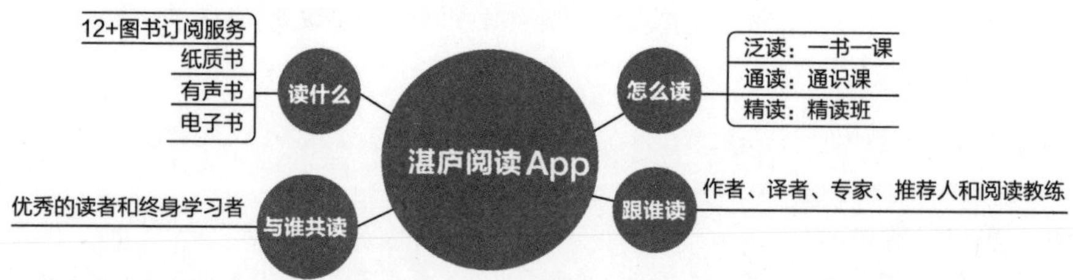

三步玩转湛庐阅读App:

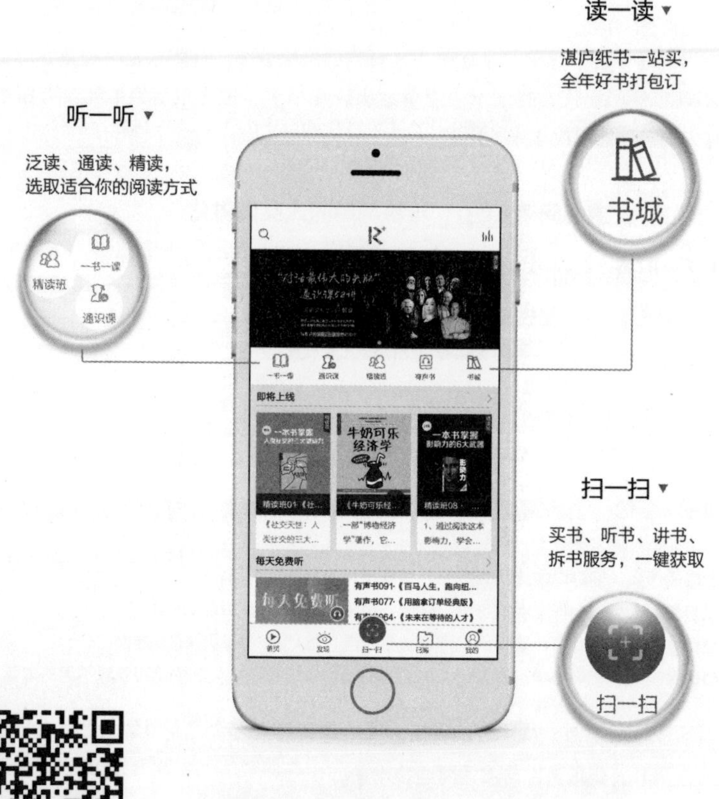

App获取方式：
安卓用户前往各大应用市场、苹果用户前往App Store
直接下载“湛庐阅读”App，与最聪明的人共同进化！

使用App扫一扫功能，
遇见书里书外更大的世界！

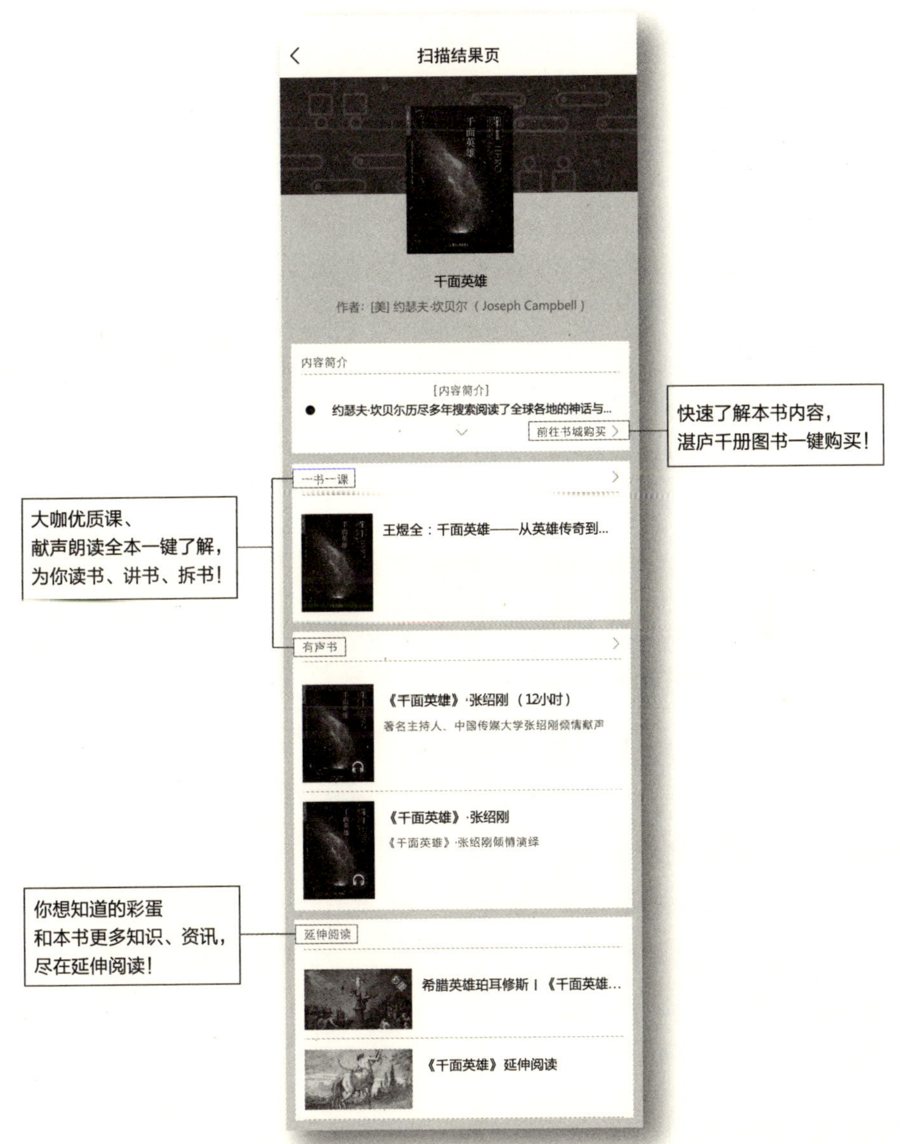

延伸阅读

《爱哭鬼小隼》

- ◎ 河合隼雄先生遗著。51 幅淡彩插画，平静笔调勾勒儿时温馨生活。
- ◎ 文津奖获奖书目；新京报年度最佳童书；中国教育报年度教师最喜爱十大童书。
- ◎ 著名文学翻译家、学者林少华先生，华南师范大学应用心理学系副教授迟毓凯老师专文作序。

《园丁与木匠》

- ◎ 国际儿童学习研究泰斗级专家艾莉森高普尼克"天生学习家系列"扛鼎之作。
- ◎ 汇集 30 年实证研究，带你走出传统教养误区，给你符合孩子学习与发展规律的科学育儿观。
- ◎ 引爆教育界，万维钢、罗振宇、苗炜等思想界大咖争相解读。

《什么是最好的教育》

- ◎ 知名 TED 演讲人，全球知名教育家肯罗宾逊教育创新五部曲之一！
- ◎ 给家长提供正确看待孩子教育问题的思考框架和路径，帮助大家厘清什么样的教育才是最应该帮忙孩子去获得的。
- ◎ 新教育实验发起人朱永新、上海大学副校长汪小帆等人强力推荐。

《如何让孩子成年又成人》

- ◎ 斯坦福大学新生教务长给父母的建议。告诉父母，孩子成长中至关重要的事。
- ◎《纽约时报》畅销书，TED 演讲超过 300 万点击量，被评论为"应置于所有教养类图书之前"。
- ◎ 新东方教育集团创始人俞敏洪、著名作家麦家倾情作序。

Q&A KOKORO NO KOSODATE -- TANJOU KARA SHISHUNKI MADE NO 48SHOU

by KAWAI HAYAO

Original Japanese edition published by Asahi Shimbun Publications Inc., Japan

Chinese translation rights in simple characters arranged with Asahi Shimbun Publications Inc., Japan through Bardon-Chinese Media Agency, Taipei.

图书在版编目（CIP）数据

什么是最好的父母 /（日）河合隼雄著；张日昇译
.--北京：北京联合出版公司，2020.10
ISBN 978-7-5596-3955-4

Ⅰ.①什… Ⅱ.①河… ②张… Ⅲ.①家庭教育
Ⅳ.①G78

中国版本图书馆CIP数据核字（2020）第170213号

北京市版权局著作权合同登记　图字：01-2020-5140

上架指导：家庭教育

本书法律顾问　北京市盈科律师事务所　崔爽律师
张雅琴律师

什么是最好的父母

作　　者：[日] 河合隼雄
译　　者：张日昇
出 品 人：赵红仕
责任编辑：孙志文
封面设计：ablackcover.com
版式设计：湛庐CHEERS 杨雅文

北京联合出版公司出版
（北京市西城区德外大街 83 号楼 9 层　100088）
石家庄继文印刷有限公司　新华书店经销
字数 163 千字　710 毫米 ×965 毫米　1/16　13.75 印张　1 插页
2020 年 10 月第 1 版　2020 年 10 月第 1 次印刷
ISBN 978-7-5596-3955-4
定价：65.90 元
